Exotische Küche

Karibische Küche

Kreolische Kochkunst von den Westindischen Inseln und aus New Orleans

M. Nader Asfahani

Der Autor und der Verlag bedanken sich bei allen, die sie mit Rezepten versorgt haben, damit dieses Buch auf dem deutschsprachigen Markt erscheinen konnte.

1. Auflage 1992, ...9. Auflage 2018

© Copyright by M. N. Asfahani Verlag / Hamburg / FRG
Alle Rechte vorbehalten, Nachdruck, auch auszugsweise, sowie Verbreitung durch Film, Funk und Fernsehen, durch fotomechanische Wiedergabe, Tonträger und Datenverarbeitungssysteme jeder Art, nur mit schriftlicher Genehmigung des Verlages.

AF557584

Titelbild: Gundula Wagner
Bearbeitung: Christina Khenkhar
Übersetzung, Gestaltung, Herstellung und Satz:
Asfahani Verlag
Hausbrucher Straße 54 / D-21147 Hamburg
Federal Republic of Germany
Telefon (AB) 040-796 79 51 Fax 040-796 79 55
Email: info@asfahani.de
www.asfahani.de

ISBN 978-3-927459-96-0

Exotische Küche
Kochbücher aus dem Süden

Sachregister

Kurze Informationen

Vorspeisen, Beilagen und Salate

Suppen

Reisgerichte

Gemüsegerichte

Geflügelgerichte

Fischgerichte

Fleischgerichte

Teigspeisen

Süßspeisen

Eiscreme

Getränke

Soßen

Einlegen in Essig

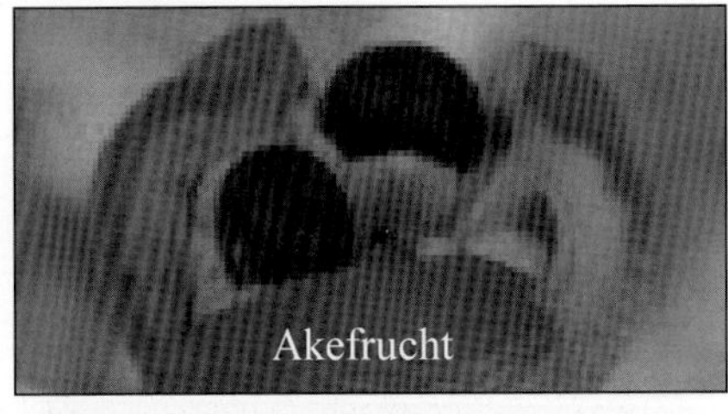
Akefrucht

Acke oder Akee (Aki):
Frucht eines immergrünen Baumes, der in den Tropen und Subtropen gedeiht. Die Früchte haben eine gelbrötliche Farbe und schmecken säuerlich (nussartig).

Vorsicht! Unreife und überreife Früchte sind GIFTIG.

Nur offene Früchte verwenden.

Kurze Informationen

Afrikanische und asiatische Zutaten und Spezialitäten

Adobado: Haltbar gemachte Fleischgerichte in Essig und Knoblauch.

Acar: Eingelegtes Gemüse

Achuete oder Annattosamen: Annattosamen (in Pulverform) färbt die Gerichte rötlich, und gibt ihnen einen milden Peperonigeschmack.

Acke oder Ake (Aki): Frucht eines immergrünen Baumes, der in den Tropen und Subtropen gedeiht. Die Früchte haben eine gelbrötliche Farbe und schmecken säuerlich (nussartig). ***Vorsicht !*** Unreife und überreife Früchte sind **GIFTIG**.

Agar Agar: Seegras

Alamang: Sehr kleine Krabbenart.

Amarant: Amarant wird wie Spinat zubereitet. Leider sieht man diese Gemüsesorte selten auf den Märkten.

Apom: Gedämpfter Reiskeks (hergestellt aus Reismehl und Backpulver).

Arame: Gehacktes schwarzes Seegras.

Asam gelugor: In Streifen geschnittene und getrocknete Tamarinde.

Auberginen (Antroewa) : Außer den üblichen Angeboten an dunklen Sorten (ca. 20 Sorten) gibt es weiße, gelbe und grüne runde Auberginen. Diese Sorten werden zu bestimmten Jahreszeiten importiert. Grüne Auberginen werden „afrikanische Auberginen“ genannt. In manchen

Feinkostgeschäften werden sie auch unter dem Namen „*Antroewa*„ angeboten.

Batate - **Süßkartoffeln oder weiße Kartoffeln:** Batate werden das ganze Jahr über auf dem deutschen Markt angeboten. Trotzdem ist die Süßkartoffel hierzulande wenig bekannt.

Belacan: Paste hergestellt aus gesalzenen und gegarten Krabben.

Belimbing wird auch Karambole oder Sternfrucht genannt: Obstsorte die frisch oder in Obstsalat gegessen wird.

Bohnen (getrocknete Sorten)**:** Außer dem üblichen Angebot an getrockneten Sorten, gibt es zwei noch besondere Sorten:

Spargelbohnen oder Augenbohnen (auch bekannt als schwarze Augenbohnen)
Adzukibohnen, dunkelbraun mit weißen Streifen

Bohnen (frische Sorten)**:** Außer dem üblichen Angebot an Bohnen auf dem deutschen Markt, gibt es gelegentlich folgende Sorten:

Bobbybohnen (Ägypten) Borlottibohnen (Italien)
Cocobohnen, auch bekannt als breite Bohnen
Kidneybohnen oder rote Bohnen
Schwarze Bohnen Spaghetti-Bohnen
Wachtelbohnen Limabohnen Adzukibohnen
Reisbohnen Urdbohnen Mungbohnen

Bohnenpaste: Bohnenpaste wird aus zerdrückten Sojabohnen, Reismehl und Salz hergestellt. Es gibt verschiedene Sorten, die am meisten verwendeten Sorten sind gelbe und rote Bohnenpaste.

Bohnenquark (Tauhu)**:** Bekannt als Tofu. Tofu wird aus Sojabohnen hergestellt, die Herstellung braucht viel Zeit. In den meisten asiatischen Lebensmittelläden gibt es verschiedene Sorten Bohnenquark.

Buah Keras (Kerzennüsse)**:** Diese Sorte ist bekannt in Südostasien. Die Früchte sind ca. 3 cm groß, und man verwendet sie zum Andicken von Gerichten, vor allem von Currygerichten.

Celosie oder Amaranthaceae: Blattgemüse, ähnlich wie Amarant. Es gibt rote und grüne Celosie.

Chayote (Eierkürbis) auch *Chocho* oder *Christofine* genannt: Eine Chayotefrucht wiegt ca. 250 bis 300 g. Chayotefleisch wird als Salat oder als Kochgemüse gegessen.

Coco: Kleine Knollen mit brauner Schale. Das Fruchtfleisch sieht wie Kartoffelfruchtfleisch aus.

Flaschenkürbis: Das ganze Jahr über auf dem deutschen Markt erhältlich. Flaschenkürbisse sehen aus wie große Zucchini und haben eine hellgrüne Farbe. Sie werden als Kochgemüse verwendet. Kleine Flaschenkürbisse werden Zucchini und haben eine hellgrüne Farbe. Sie werden als Kochgemüse verwendet. (Kleine Flaschenkürbisse werden auch türkische Zucchini genannt).

Maniok, Gari oder Cassava: Kochgemüse. Das ganze Jahr über auf dem Markt erhältlich.

Matoke oder Plantain: Grüne Kochbananen.

Okra: Kochgemüse

Yam: Knollen, die man wie Kartoffeln kochen und essen kann.

Palmölnüsse: Man bekommt sie ab und zu bei einigen afrikanischen Lebensmittelhändlern (Afro-Shop).

Pfeilwurz (Arrowroot): Wird als Kochgemüse verwendet.

Panocha: Dunkelbrauner Rohrzucker, wird zu Sirup verarbeitet und in Kokosnusshälften aufbewahrt und verkauft.

Reisfadennudeln (Beehonn)

Taubenerbsen oder Gunga: Afrikanische Erbsen mit sehr hohem Kaloriengehalt.

Tausi: Schwarze Sojabohnen, gestampft und eingelegt.

Tapioka: Sago aus der Maniokwurzel.

Andere asiatische Zutaten:

Reisblätter, Reisnudeln, Glasnudeln (Sohoon oder Tanghoon), getrockneter Fisch, Anchoviepaste (Sardellenpaste), Bohnensprossen, Sojasoße, Fischsoße, Austernsoße, getrocknete Krabben, klebriger Reis (Bruch- oder Milchreis), getrockneter Tintenfisch, Taroblätter u.v.a.

****

Gewürze und Gewürzpflanzen

In unserem Kochbuch haben wir Gewürze und Gewürzpflanzen verwendet, die in Deutschland erhältlich sind, das sind:

Boksklee

Chilis, es gibt in manchen Afro-Shops sehr scharfe afrikanische Chili.

Fünfgewürze (Gewürzmischung)

Galangal (Lenguas), aus der Familie der Ingwerwurzel.

Garam Masala (Gewürzmischung)

Gelbwurzel (nicht in Pulverform), wird ab und zu auf dem Markt angeboten.

Gelbwurzelpulver oder Kurkuma

Ingwerwurzel

Ingwerpulver

Koriander (wird auch „chinesische Petersilie“ genannt), frisch oder getrocknet.

Patminger (Gewürzpflanze, als Ersatz kann man Petersilie oder Zitronengras verwenden)

Siebengewürze (Gewürzmischung)

Sumak (Gewürz)

Zitronengras (Serai)

Chili

Wie man mit scharfen Chilis umgeht

Bevor Sie die Chilis anfassen, ziehen Sie bitte Gummihandschuhe an. Damit wird verhindert, dass die ätherischen Öle Ihnen Hautjucken verursachen. Außerdem berühren Sie nicht Ihre Augen während des Arbeitens mit Chili.
Chili nur mit kaltem Wasser waschen. Heißes Wasser kann manchmal bei getrockneten Chili Dämpfe entwickeln, die die Augen und Schleimhäute reizen.

✻✻✻✻✻✻✻✻✻✻

Kokosnussmilch

Um Kokosnussmilch herstellen zu können, muss man zuerst das weiße Fruchtfleisch raspeln oder reiben.

Kokosnusspaste herstellen

1. Methode

☺ Fruchtfleisch einer Kokosnuss reiben ➡ in den Mixaufsatz einer Elektroküchenmaschine geben ➡ 1/4 Liter heißes Wasser darübergeben und mit hoher Geschwindigkeit mixen ➡ einen weiteren 1/4 Liter heißes Wasser dazugeben und weitermixen, bis ein glatter Brei entstanden ist.

2. Methode

☺ Kokosnussfruchtfleisch von Hand reiben (oder fertig geriebene Kokosnuss verwenden) ➡ 1/2 Liter heißes Wasser darübergeben ➡ mit einem Schneebesen oder Elektromixer kräftig schlagen.

Kokosnussmilch herstellen

☺ Ein Sieb mit einem Küchentuch auslegen ➡ Kokosnussbrei hineingeben ➡ mit einem Löffel kräftig pressen ➡ die Enden des Tuches zusammenhalten und kräftig wringen, damit die restliche Flüssigkeit aus dem Brei austropfen kann.

❍ Man kann auch Kokosnusscreme aus der Dose oder aus dem Glas nehmen und mit Wasser verdünnen.

Dämpfen ohne Dampfkochtopf

Es gibt mehrere Methoden, Gerichte zu dämpfen, ohne extra einen Dampfkochtopf zu kaufen.

Abb. 1:

Etwas Wasser in einen Topf geben ➡ ein Metallsieb in den Topf stellen ➡ Zutaten in das Sieb geben ➡ Topf zudecken und das Wasser zum Kochen bringen, dann bei mittlerer oder schwacher Hitze dämpfen lassen, bis die Zutaten gar sind.

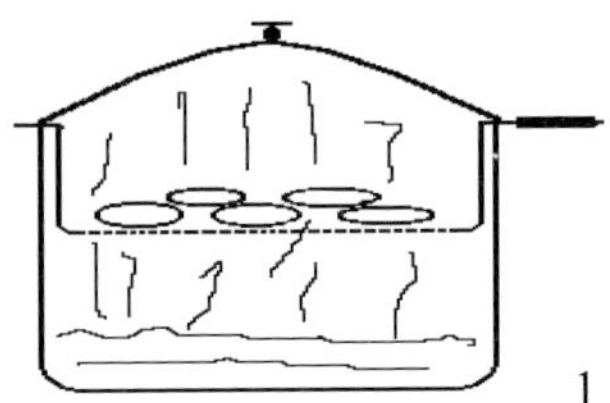

1

Abb. 2:

Wasser in einen Topf geben ➡ eine schwere Tasse in die Mitte stellen und darauf eine Platte aus Metall oder Keramik legen ➡ die Zutaten darauf verteilen ➡ Topf zudecken und das Wasser zum Kochen bringen, dann bei mittlerer oder schwacher Hitze dämpfen, bis die Zutaten gar sind.

2

****

Hausgemachter Jogurt

Zutaten:

Für 1 Liter Jogurt benötigen Sie folgende Zutaten:

1 Liter Frischmilch
ca. 50 ml Jogurt

So wird es gemacht:

☺ Frischmilch kurz kochen ➡ auf 35°C abkühlen lassen ➡ etwas Milch zum Jogurt geben und gut verrühren ➡ die Mischung zur Milch geben und verrühren ➡ Topf zudecken und in eine Decke einschlagen ➡ an einen warmen Platz stellen und über Nacht stehen lassen (15 bis 17 Stunden) !! Topf nicht schütteln !!.

Vorspeisen und Salate

Auberginenpüree

Zutaten:

1 mittelgroße Aubergine, Stielansatz abschneiden, waschen und abtrocknen
500 g Tomaten, waschen und abtrocknen
3 bis 4 Knoblauchzehen, vierteln
1 Chilischote, fein hacken
1 Zwiebel, fein hacken
1 Bund Lauchzwiebeln, hacken
1/2 Bund Petersilie, Blätter waschen und hacken
2 Esslöffel Öl
Salz

So wird es gemacht:

☺ Backofen auf 200 bis 250°C vorheizen.
☺ Tiefe Schnitte in die Aubergine und einige Tomaten schneiden und den Knoblauch hineinpressen ➟ Aubergine und Tomaten mit Alufolie gut umhüllen und im Backofen ca. 25 Minuten backen ➟ Aubergine- und Tomatenschalen entfernen und in einen tiefen Teller geben, dann mit einer Gabel pürieren ➟ die restlichen Zutaten dazugeben, gut vermengen und abschmecken ➟ etwas Öl in einer Pfanne erhitzen, über die Mischung geben und servieren.

****

Frittierter Mais

Zutaten:

250 g gekochte Maiskörner
100 g Mehl und 1 Teelöffel Backpulver, mischen
1 Zwiebel, hacken
1 Ei, aufschlagen, in eine Schale geben und verrühren
1 Teelöffel getrocknete Petersilie
Salz und Pfeffer
Öl, zum Braten

So wird es gemacht:

☺ Mais und alle Zutaten (außer Mehl und Öl) in eine Elektroküchenmaschine geben und pürieren, dann in eine Schale geben ➟ Mehl dazugeben und gut verkneten, salzen und pfeffern und einige Minuten ziehen lassen ➟ etwas Öl in einer Pfanne erhitzen ➟ Maispüree löffelweise in die Pfanne geben, flach verteilen und von beiden Seiten goldbraun braten ➟ heiß servieren.

****

Knoblauchgarnelen

Zutaten:

500 g Garnelen, aus den Schalen lösen
3 Knoblauchzehen, mit etwas Salz zerdrücken
1/2 Tasse Butter
Saft einer halben Zitrone
1/2 Bund Petersilie, Blätter waschen und hacken
1 Esslöffel gehackte Zwiebel
1/4 Teelöffel Cayennepfeffer
1/8 Teelöffel Chilipulver
Salz und Pfeffer
Öl

So wird es gemacht:

☺ Butter mit Schneebesen cremig schlagen ➟ Chilipulver, Cayennepfeffer, Knoblauchpaste, Zwiebel, Petersilie, Salz,

Pfeffer und 1/2 Teelöffel Zitronensaft dazugeben und gut vermengen ➟ beiseite stellen.

☺ Etwas Öl in einer Pfanne erhitzen ➟ Garnelen dazugeben und braten, bis sie Farbe annehmen ➟ aus der Pfanne nehmen und beiseite stellen ➟ das Bratöl aus der Pfanne entfernen ➟ den restlichen Zitronensaft in die Pfanne geben und bei schwacher Hitze ca. 1/2 Minute erhitzen ➟ Garnelen und Buttermischung untermengen, wenn die Butter geschmolzen ist, sofort servieren.

****

Krabben mit Avocado

Zutaten:

150 g Krabbenfleisch
1 Avocado, halbieren, Kern entfernen, schälen und pürieren
1 Knoblauchzehe, mit etwas Salz zerdrücken
1 Esslöffel Zitronensaft
1 Esslöffel gehackte Zwiebel
Salz, Pfeffer und Chilipulver

So wird es gemacht:

☺ Alle Zutaten in eine Schale geben und gut vermengen ➟ abschmecken und mit Toastbrot servieren.

****

Yambällchen

Zutaten:

500 g Yam, schälen, zerkleinern, waschen, gar kochen, in ein Sieb geben und abtropfen lassen, dann pürieren
2 Eier, aufschlagen, in eine Schale geben und verrühren
1 Esslöffel Corned Beef
1 kleine Zwiebel, hacken
1 lange milde Peperoni, Stielansatz entfernen, der Länge nach halbieren, Samen entfernen und hacken
Salz
Öl, zum Braten

So wird es gemacht:

☺ Yampüree, Corned Beef, Zwiebeln, Peperoni, Salz und ein verrührtes Ei in eine Schale geben, gut verkneten und zu Bällchen formen.
☺ Öl in einer Pfanne erhitzen ➟ Yambällchen in Ei tauchen und rundherum goldbraun braten ➟ heiß servieren.

****

Frittierte Plantain

Zutaten:

2 Plantain (Kochbananen), schälen, halbieren und in Streifen schneiden
Salz
Palmöl, zum Braten

So wird es gemacht:

☺ Plantainstreifen mit Salz bestreuen und einige Minuten ziehen lassen ➟ Öl in einer Pfanne erhitzen, Bananenstreifen dazugeben und knusprig braten.

****

Avocado mit Nüssen

Zutaten:

1 Avocado, halbieren, entkernen, schälen und in Stücke schneiden
1 Esslöffel geschälte Erdnüsse, in einem Mörser zerdrücken
1/2 Esslöffel Zitronensaft
Salz und Pfeffer oder Chilipulver
gehackter Schnittlauch (Menge nach Belieben)

So wird es gemacht:

☺ Alle Zutaten in eine Schale geben, gut vermengen und kalt servieren.

****

Käseschnitten

Zutaten:

100 g geriebener Cheddarkäse
1/4 Tasse Butter
1/2 Tasse Mehl
2 Esslöffel Erdnüsse, zerdrücken
1/4 Tasse gerösteten Puffreis
Salz
Pfeffer

So wird es gemacht:

☺ Butter mit Schneebesen cremig schlagen ➟ salzen und pfeffern ➟ Käse, Erdnüsse, Puffreis und Mehl dazugeben und gut vermengen ➟ Mischung in eine längliche Form geben und im Kühlschrank aufbewahren, bis die Mischung fest ist ➟ Käserolle aus der Form nehmen, in Scheiben schneiden und auf ein Backblech legen ➟ in den vorgeheizten Backofen (180°C) schieben und ca. 15 Minuten backen, bis die Scheiben eine goldbraune Farbe annehmen ➟ abkühlen lassen und warm oder kalt servieren.

****

Thunfischbällchen

Zutaten:

100 g Thunfischfleisch (aus der Dose), mit einer Gabel zerkleinern, in ein Sieb geben und abtropfen lassen
1 bis 2 Kartoffeln (ca. 75 g), schälen, in kleine Würfel schneiden, gar kochen und pürieren
1 Esslöffel gehackte Zwiebel
1 Ei, aufschlagen, in eine Schale geben und verrühren
Salz, Pfeffer und Knoblauchpaste, zum Abschmecken
Öl, zum Braten

So wird es gemacht:

☺ Alle Zutaten in eine Schüssel geben und gut vermengen ➟ Öl in einer Pfanne erhitzen ➟ Mischung löffelweise in das Öl geben und braten, bis sie Farbe annimmt ➟ aus der Pfanne nehmen, abtropfen lassen und heiß oder kalt servieren.

****

Krabben mit Käse

Zutaten:

100 g Krabbenfleisch
75 g Frischkäse
je 1/2 Teelöffel Chilisoße und Worcestersoße
Salz und Pfeffer

So wird es gemacht:

☺ Alle Zutaten in eine Schale geben, gut vermengen und servieren.

****

Mariniertes Fischfilet

Zutaten:

500 g Fischfilet (Sorte nach Belieben), in Streifen schneiden, waschen und abtropfen lassen
2 Knoblauchzehen, schälen und mit etwas Salz zerdrücken
Saft einer Zitrone
1 Zwiebel, schälen und fein hacken
2 Eier, aufschlagen, in eine Schale geben und verrühren
Paniermehl
Salz und Pfeffer
Öl, zum Braten

So wird es gemacht:

☺ Fischfiletstreifen in eine Schüssel geben ➟ Zitronensaft, Knoblauchpaste, Zwiebel, Salz und Pfeffer dazugeben, gut vermengen und ca. 2 Stunden stehen lassen.

☺ Öl in einer Pfanne erhitzen ➟ Fischstreifen in Paniermehl wälzen, salzen und pfeffern, dann in Ei tauchen und goldbraun braten ➟ aus der Pfanne nehmen, abtropfen lassen und servieren.

****

Salzfischbällchen

Zutaten:

100 bis 150 g Salzfisch, waschen, über Nacht in kaltem Wasser stehen lassen, in ein Sieb geben und abtropfen lassen
2 mittelgroße Kartoffeln, schälen, gar kochen und pürieren
1 Esslöffel gehackte Zwiebel
1 Esslöffel gehackte Schalotten
1 Knoblauchzehe, hacken oder zerdrücken
1 Esslöffel gehackte Petersilie
Paniermehl
1 Ei, aufschlagen, in eine Schale geben und verrühren
Pfeffer
Öl, zum Braten

So wird es gemacht:

☺ Salzfisch in einen Topf geben und mit Wasser bedecken ➟ 10 Minuten kochen lassen, Wasser abgießen und Haut und Gräten entfernen ➟ alle Zutaten (außer Paniermehl, Ei und Öl) in eine Elektroküchenmaschine geben und pürieren, Ei darüber geben und gut vermengen ➟ Fischmasse zu kleiner Bällchen formen ➟ Bällchen in Paniermehl wälzen ➟ Öl in einer Pfanne erhitzen, Bällchen dazugeben und rundherum goldbraun braten ➟ aus der Pfanne nehmen, abtropfen lassen und servieren.

****

Bohnenbällchen

Zutaten:

250 g schwarze Augenbohnen, über Nacht in kaltem Wasser einweichen, mit beiden Händen reiben, damit die Schalen sich lösen können, Schalen entfernen, Bohnen waschen, in ein Sieb geben und abtropfen lassen
1 Zwiebel, schälen und hacken
Chilipulver
Wasser
Öl, zum Braten

So wird es gemacht:

☺ Bohnen in einen Topf geben, mit Wasser bedecken und 2 bis 3 Stunden stehen lassen ➟ in ein Sieb geben und abtropfen lassen ➟ alle Zutaten (außer Öl) in einem Elektromixer geben und pürieren (evtl. etwas Wasser dazugeben) ➟ Bohnenteig in eine Schüssel geben und gut verkneten ➟ abschmecken, dann zusammenpressen und zu Bällchen formen ➟ Öl in einer Pfanne erhitzen ➟ Bohnenbällchen dazugeben und goldbraun braten ➟ heiß oder kalt servieren.

****

Plantainbällchen

Zutaten:

2 reife Plantain (Kochbananen), schälen und pürieren
1 Zwiebel, hacken
25 g Mehl und 1/8 Teelöffel Backpulver, zusammen mischen
Salz, Pfeffer und Chilipulver
Öl, zum Braten

So wird es gemacht:

☺ Alle Zutaten (außer Öl) in eine Schale geben und gut verkneten, mit etwas Öl lockern ➟ abschmecken und ca. 30

Minuten stehen lassen ➞ Öl in einer Pfanne erhitzen ➞ Bananenmischung löffelweise in das heiße Öl geben und goldbraun braten ➞ heiß servieren.

****

Tomatensalat

Zutaten:

1 kleine Gurke, schälen und in Scheiben schneiden
2 Tomaten, waschen, halbieren und in Streifen schneiden
1 Zwiebel, halbieren und in Streifen schneiden
1 Knoblauchzehe, mit etwas Salz zerdrücken
1 Esslöffel gehackte Petersilie
Zitronensaft
1/2 Teelöffel Chilipulver
Salz und Pfeffer
Öl

So wird es gemacht:

☺ Knoblauchpaste, Chilipulver, etwas Öl und Zitronensaft in eine Schale geben und gut verrühren ➞ die restlichen Zutaten dazugeben und gut vermengen ➞ abschmecken und servieren.

****

Grüner Salat

Zutaten:

1 kleine Gurke, schälen und in kleine Stücke schneiden
Kresse (Menge nach Belieben), waschen
4 Schalotten, in Scheiben schneiden
1 kleinen Kopfsalat, zerlegen, Blätter zerkleinern, waschen und abtropfen lassen
1 kleine Cho-Cho (Chayote), in kleine Würfel schneiden, fast gar kochen, in ein Sieb geben, abtropfen und abkühlen lassen
1 Avocado, halbieren, Kern entfernen, schälen, in kleine Würfel schneiden und mit Zitronensaft vermengen (damit das Fruchtfleisch seine Farbe

behält)
1 Knoblauchzehe, schälen und mit etwas Salz zerdrücken
2 bis 3 Esslöffel Öl
Zitronensaft
Salz und Pfeffer

So wird es gemacht:

☺ Knoblauchpaste, etwas Zitronensaft und Öl in eine Schale geben und gut verrühren ➡ die restlichen Zutaten dazugeben und gut vermengen ➡ abschmecken und servieren.

****

New Orleans-Salat

Zutaten:

1/2 Kopfsalat, Blätter waschen und zerkleinern
3 Tomaten, halbieren, Samen entfernen und in Streifen schneiden
1 bis 2 Zwiebeln, vierteln und in Streifen schneiden
1 grüne Paprikaschote, Stielansatz entfernen, der Länge nach halbieren, Samen entfernen und hacken
2 Karotten, schaben und in Scheiben schneiden
1 kleiner Sellerie, schaben und zerkleinern
1/2 Tasse zerkleinerter Weißkohl

Zutaten für die Soße:

1/2 Esslöffel Senf
1/2 Esslöffel Worcestersoße
je 1/4 Teelöffel Salz, Pfeffer und Zucker
1 Knoblauchzehe, mit etwas Salz zerdrücken
Olivenöl (Menge nach Belieben)
Zitronensaft oder Weinessig

So wird es gemacht:

☺ Soßenzutaten in eine Schüssel geben und gut verrühren ➡ Salatzutaten dazugeben, gut vermengen und abschmecken.

****

Kartoffelsalat

Zutaten:

500 g Kartoffeln, schälen, in kleine Würfel schneiden, waschen und in Salzwasser gar kochen, in ein Sieb geben und abtropfen lassen
1 Knoblauchzehe, schälen, fein hacken oder zerdrücken
1/2 Chilischote, fein hacken oder zerdrücken
2 hart gekochte Eier, halbieren, Eigelb entfernen und beiseite stellen, das restliche Eiweiß zerkleinern und beiseite stellen
2 Zwiebeln, schälen und hacken
1/2 grüne Paprikaschote, hacken
2 bis 3 Schalotten, in Scheiben schneiden
3 Esslöffel gehackte Petersilie
1 Tomate, halbieren, Samen entfernen und hacken
2 Esslöffel Mayonnaise
2 bis 3 Esslöffel Olivenöl
Zitronensaft oder Weinessig
je 1/8 Teelöffel Chilisoße und Worcestersoße
Salz

So wird es gemacht:

☺ Kartoffeln, Paprika, Zwiebeln, Schalotten, Knoblauch, Eiweiß, Tomaten, Chili und Petersilie in eine Schüssel geben und gut vermengen.
☺ Eigelb auf einen tiefen Teller oder eine Schale geben und mit einer Gabel pürieren ➡ Mayonnaise, Zitronensaft, Chilisoße, Worcestersoße und Salz dazugeben und gut verrühren ➡ über die Kartoffeln geben, gut vermengen und abschmecken.

****

Okrasalat

Zutaten:

250 g kleine Okraschoten, Stielansätze kegelförmig abschneiden, waschen und abtropfen lassen
1 kleine Zwiebel, schälen und hacken
1 Tomate, hacken
2 Esslöffel gehackte Petersilie
1 Teelöffel Zitronensaft
Salz und Pfeffer
1/4 Tasse Öl
1 Esslöffel Weinessig
1/8 Teelöffel Chilisoße

So wird es gemacht:

☺ Okraschoten gar kochen ➟ in ein Sieb geben und abtropfen lassen.
☺ Alle Zutaten in eine Schale geben und gut vermengen ➟ abschmecken und servieren.

****

Reissalat

Zutaten:

1½ Tassen gekochter Reis
50 g Krabben- oder Garnelenfleisch
25 g Tunfisch (aus der Dose)
1 gehackte Zwiebel
1/2 Tasse Mayonnaise
Einige Radieschen, in feine Scheiben schneiden
1 lange milde Peperoni, Stielansatz entfernen, der Länge nach halbieren, Samen entfernen und fein hacken
1 kleine eingelegte Gurke, fein hacken
1 Tomate, in Scheiben schneiden
Einige Salatblätter, waschen und zerkleinern
Zitronensaft
Salz und Pfeffer

So wird es gemacht:

☺ Alle Zutaten (außer Salatblättern und Tomaten) in eine Schale geben und gut vermengen ➟ mit Salz, Pfeffer und Zitronensaft abschmecken ➟ mit Tomatenscheiben und Salatblättern garnieren und servieren.

****

Bohnen-Nuss-Salat

Zutaten:

100 bis 150 g Kichererbsen, über Nacht in Wasser einweichen, waschen, abtropfen lassen und gar kochen, in ein Sieb geben und abtropfen lassen
je ca. 75 g Kidney- und schwarze Augenbohnen, einige Stunden in Wasser einweichen, gar kochen, in ein Sieb geben und abtropfen lassen
50 g geröstete Cashewnüsse
1 Bund Lauchzwiebeln, hacken
1 Knoblauchzehe, schälen und mit etwas Salz zerdrücken
1 Sellerie, schälen und hacken
1/2 Paprikaschote, hacken
2 Esslöffel Weinessig
5 Esslöffel Nussöl
1 Esslöffel Tomatensaft
Salz
Pfeffer
Kümmelpulver (Menge nach Geschmack)

So wird es gemacht:

☺ Kichererbsen, Bohnen, Sellerie, Lauchzwiebeln und Paprikaschoten in eine Schale geben und vermengen ➟ Cashewnüsse in Nussöl rösten, abkühlen und darüber geben ➟ die restlichen Zutaten darübergeben und gut vermengen ➟ mindestens 1 Stunde ziehen lassen, dann servieren.

****

Süßkartoffelsalat

Zutaten:

500 g Süßkartoffeln, gar kochen, schälen und in kleine Würfel schneiden
2 Esslöffel Mayonnaise
1 Zwiebel, hacken
Salz
Pfeffer
Paprikapulver

So wird es gemacht:

☺ Alle Zutaten in eine Schale geben und gut vermengen.

****

Gebackene Süßkartoffeln

Zutaten:

500 g Süßkartoffeln, schälen und in dünne Scheiben schneiden
275 ml Milch
25 g brauner Zucker
25 bis 30 g Butter oder Margarine
1 Prise Salz

So wird es gemacht:

☺ Wasser in einem Topf zum Kochen bringen ➡ Kartoffelscheiben dazugeben und ca. 5 Minuten kochen lassen ➡ in ein Sieb geben und abtropfen lassen.

☺ Milch in einem Topf zum Kochen bringen ➡ Butter und Zucker in kochender Milch auflösen ➡ vom Herd nehmen und beiseite stellen.

☺ Eine Auflaufform einfetten ➡ Kartoffelscheiben darin verteilen ➡ die noch heiße Milch darüber geben und im vorgeheizten Backofen (175°C) ca. 25 Minuten backen ➡ heiß zu Hähnchen, Fisch oder vegetarischen Gerichten servieren.

****

Gali (Gari) Foto

Zutaten:

100 g Gari (Cassava oder Maniokmehl), ersatzweise Grieß
1 Zwiebel, hacken
2 Tomaten, Haut anritzen, mit kochendem Wasser überbrühen, Haut abziehen und hacken
1 Esslöffel Tomatenmark, in 250 bis 300 ml Wasser auflösen
1/8 Teelöffel Chilipulver
1/2 Teelöffel Ingwerpulver
1 Esslöffel Palmöl oder Butter
je 100 g Karotten und Paprikaschoten, hacken
100 g Krabbenfleisch
Salz
Pfeffer

So wird es gemacht:

☺ Öl oder Butter in einem Topf erhitzen ➡ Zwiebeln dazugeben und dünsten, bis sie Farbe annehmen ➡ Tomaten dazugeben und dünsten, bis die meiste Flüssigkeit verdampft ist ➡ Karotten und Paprika untermengen und einige Minuten weich dünsten ➡ aufgelöstes Tomatenmark, Gewürze und Salz dazugeben und umrühren ➡ kurz zum Kochen bringen, dann bei schwacher Hitze und geschlossenem Topf 8 bis 9 Minuten köcheln lassen ➡ Garimehl löffelweise dazugeben und unterbrochen umrühren, bis die Flüssigkeit von dem Garimehl aufgesogen ist ➡ Öl oder Butter in einer Pfanne erhitzen ➡ Krabbenfleisch dazugeben und braten ➡ über das Gari geben und servieren.

****

Salzfischsalat

Zutaten:

150 bis 200 g Salzfische (gesalzene Fisch), einige Stunden in Wasser einweichen, mit klarem Wasser abspülen, in ein Sieb geben und abtropfen lassen
1 bis 2 Zwiebeln, schälen und hacken
1 Knoblauchzehe, schälen und mit etwas Salz zerdrücken
1 grüne Paprikaschote, Stielansatz entfernen, halbieren, Samen entfernen und hacken
3 Tomaten, hacken
1 Esslöffel Zitronensaft
3 Esslöffel Öl
Pfeffer
Chilipulver (Menge nach Geschmack)
Einige Salatblätter, waschen und zerkleinern

So wird es gemacht:

☺ Fische in einen Topf geben und mit Wasser bedecken ➟ 10 Minuten kochen lassen, in ein Sieb geben und abtropfen lassen ➟ Köpfe, Haut, Gräten und Schwänze entfernen ➟ Fischfleisch in kleine Stücke schneiden und in eine Schüssel geben ➟ Tomaten, Zwiebeln, Paprika und Zitronensaft darüber geben und gut vermengen.
☺ Öl in einer Pfanne erhitzen ➟ Knoblauchpaste, Chilipulver und Pfeffer dazugeben und dünsten, bis sie Farbe annehmen ➟ über den Fischsalat geben und gut vermengen ➟ mit Salatblättern garnieren und servieren.

****

Kichererbsensalat

Zutaten:

200 g Kichererbsen, über Nacht in Wasser einweichen
1 Paprikaschote, Stielansatz und Samen entfernen und hacken
1 Bund Lauchzwiebeln, hacken

Einige Radieschen, in Scheiben schneiden
1 Teelöffel Kümmelpulver
1/2 Chilischote, fein hacken oder zerdrücken
3 Esslöffel Öl
Salz

So wird es gemacht:

☺ Kichererbsen gar kochen ➡ in ein Sieb geben und abtropfen lassen ➡ beiseite stellen.
☺ Öl in einem Topf erhitzen ➡ Paprikaschoten dazugeben und weich dünsten ➡ die restlichen Zutaten dazugeben und gut vermengen ➡ 3 bis 4 Minuten köcheln lassen ➡ in eine Servierschale geben, mit Radieschen garnieren und kalt servieren.

****

Arame mit Kohl

Zutaten:

150 bis 200 g Weißkohl (oder Rotkohl), in dünne Streifen schneiden, waschen und abtropfen lassen
2 Esslöffel Arame (gehacktes Seegras), 10 Minuten in kaltem Wasser einweichen, in ein Sieb geben und abtropfen lassen
50 g frische Sojabohnenkeime, waschen und abtropfen lassen
2 Karotten, schaben und in dünne Scheiben schneiden
3 bis 4 Lauchzwiebeln oder Schalotten, hacken
1 Teelöffel Zucker
1 Esslöffel Weinessig
2 bis 3 Esslöffel Olivenöl
Salz und Pfeffer

So wird es gemacht:

☺ Gemüse in eine Schüssel geben und gut vermengen ➡ alle anderen Zutaten dazugeben ➡ gut vermengen und kalt stellen.

****

Suppen

Fischsuppe

Zutaten:

250 g Fischfilet, in Stücke schneiden, waschen und abtropfen lassen
1 Zwiebel, schälen und hacken
2 Tomaten, hacken
4 Schalotten, schälen und hacken
Worcestersoße
500 ml Wasser
Butter

Folgende Gewürze in einen Mörser geben und zerdrücken:

1 Knoblauchzehe, schälen und hacken
1 Zwiebel, schälen und hacken
1/2 Chilischote, hacken
1 Teelöffel Thymian
Salz
Pfeffer

So wird es gemacht:

☺ Fischstücke in eine Schale geben ➞ Gewürzpaste dazugeben und gut vermengen ➞ über Nacht stehen lassen. Zwischendurch wenden.

☺ 2 bis 3 Esslöffel Butter in einem Topf zerlassen ➞ Zwiebeln dazugeben und glasig dünsten ➞ Tomaten untermengen und dünsten, bis viel Flüssigkeit verdampft ist ➞ Schalotten dazugeben und kurz dünsten ➞ Wasser darüber geben und zum Kochen bringen ➞ Fischstücke mit Marinade dazugeben und 10 bis 15 Minuten köcheln lassen ➞ mit Worcestersoße, Pfeffer und Salz abschmecken und heiß servieren.

****

Variante 2

Zutaten:

250 g Fischfilet, in Stücke schneiden, waschen und abtropfen lassen
150 g geschälte Krabben
1 Liter Wasser
2 Zwiebeln, schälen und hacken
4 Tomaten, hacken
1 Knoblauchzehen, schälen und mit etwas Salz zerdrücken
2 Kartoffeln, schälen und in kleine Würfel schneiden
1/4 Tasse zerkleinerte Yam
1 bis 2 Karotten, schaben und würfeln
1/4 Teelöffel Chilipulver
Butter
Zitronensaft
Salz

So wird es gemacht:

☺ Butter in einem Topf zerlassen ➟ Fischstücke und Krabben dazugeben und kurz braten ➟ Wasser darüber geben und zum Kochen bringen ➟ die restlichen Zutaten dazugeben (außer Zitronensaft) und umrühren, dann bei schwacher Hitze garen ➟ mit Salz und Zitronensaft abschmecken und heiß servieren.

****

Variante 3

Zutaten:

250 g Fischfilet, in Stücke schneiden, waschen und abtropfen lassen
Einige Fischköpfe, für die Brühe
50 g geriebene Kokosnuss
200 g zerkleinerter Kürbis
200 g gekochter Reis (siehe Seite 41)
1 Zwiebel, schälen und hacken
2 Esslöffel gehackte Petersilie

je 1 Teelöffel Zimt, Koriandersamen und Thymian
1 Knoblauchzehe, hacken
1 Karotte, schaben und in Scheiben schneiden
Einige schwarze Pfefferkörner
Salz, Pfeffer, Zimt und Chilipulver

So wird es gemacht:

☺ Fischköpfe in 1 Liter Wasser kochen ➟ Knoblauch, Koriander, Karotte, Zimt, Thymian, Pfeffer, Chilipulver und Salz dazugeben und umrühren ➟ ca. 20 Minuten köcheln lassen, dann die Fischköpfe aus dem Sud entfernen ➟ ein Sieb auf den Topf stellen ➟ Fischsud durchsieben ➟ die im Sud befindlichen Zutaten mit einem Löffel durchpressen und den Sud zum Kochen bringen. Evtl. Wasser dazugeben ➟ die restlichen Zutaten dazugeben und bei schwacher Hitze ca. 20 bis 30 Minuten köcheln lassen, bis alle Zutaten gar sind und eine dickere Suppe entstanden ist ➟ heiß servieren.

****

Meeresfrüchte-Suppe

Zutaten:

350 bis 400 g geschälte Krabben, Garnelen und Austern
2 Tassen Wasser
1 Zwiebel, schälen und hacken
3 große Tomaten, Haut anritzen, mit kochendem Wasser überbrühen, Haut abziehen und hacken
100 g Butter
150 bis 200 g kleine Okraschoten, waschen und zerkleinern
2 Esslöffel Mehl
1 Paprikaschote, Stielansatz abschneiden, halbieren, Samen entfernen und hacken
1 Teelöffel Chili- oder Tabascosoße
1/2 Teelöffel Thymian
2 Tassen gekochter Reis (siehe Seite 41)
Salz und Pfeffer

So wird es gemacht:

☺ Butter in einem Topf zerlassen ➟ Mehl dazugeben und zu einer cremigen Masse verrühren ➟ bei schwacher Hitze ununterbrochen rühren, bis die Masse dunkle Farbe annimmt ➟ Wasser und die restlichen Zutaten (außer Reis und Meeresfrüchte) dazugeben ➟ umrühren und kurz zum Kochen bringen, dann bei schwacher Hitze ca. 25 Minuten köcheln lassen ➟ Meeresfrüchte dazugeben und 10 bis 15 Minuten garen ➟ den fertig gekochten und noch heißen Reis in die Mitte einer Terrine häufen ➟ Suppe rundherum gießen und heiß servieren.

****

Variante 2

Zutaten:

je 250 ml Wasser und Kokosnussmilch (siehe Seite 11)
50 g Okraschoten, waschen und in Scheiben schneiden
1 Zwiebel, hacken
1 Knoblauchzehe, mit etwas Salz zerdrücken
1 Tomate, halbieren, Samen entfernen und hacken
1/2 Bund Petersilie, Blätter waschen und hacken
je 1 Teelöffel Thymian, Koriander und Zimt
Einige Lauchzwiebeln, hacken
ca. 200 g Spinatblätter, waschen und hacken
ca. 100 g geschälte Meeresfrüchte
Salz, Pfeffer und Chilipulver
1 bis 2 Esslöffel Butter oder Öl

So wird es gemacht:

☺ Butter oder Öl in einem Topf erhitzen ➟ Zwiebel dazugeben und glasig dünsten ➟ Gewürze dazugeben und kurz dünsten ➟ die restlichen Zutaten (außer Meeresfrüchte) dazugeben und umrühren ➟ zum Kochen bringen, Topf zudecken und bei schwacher Hitze ca. 25 Minuten köcheln lassen ➡ Topf vom Herd nehmen ➡ Topfinhalt mit einem Handmixer pürieren ➡ Meeresfrüchte dazugeben und 10 bis 15 Minuten köcheln lassen, bis die Meeresfrüchte gar sind. Evtl. Wasser dazugeben ➡ heiß servieren.

****

Maissuppe

Zutaten:

ca. 1 Liter Brühe
100 g frische Maiskörner
150 g geschälte Garnelen oder Krabben
1 kleine Casawa (Juca oder Gari), schälen und in Scheiben schneiden
2 Knoblauchzehen, schälen und hacken
3 cm Ingwerwurzel, schälen und hacken
je 1 Teelöffel Koriander, Kümmel und Oregano
1 Esslöffel Butter
Salz
Pfeffer
Chilipulver (Menge nach Geschmack)

So wird es gemacht:

☺ Knoblauch, Ingwerwurzel, Gewürze und etwas Salz in einem Mörser zerdrücken ➡ 1 bis 2 Esslöffel Brühe dazugeben und gut verrühren.

☺ Butter in einer Pfanne erhitzen ➡ Garnelen oder Krabben und etwas Gewürzpaste dazugeben und braten ➡ vom Herd nehmen und beiseite stellen.

☺ Brühe in einem Topf zum Kochen bringen ➡ Gewürzpaste dazugeben, umrühren und ca. 10 Minuten köcheln lassen ➡ Mais und Cassawa dazugeben, kochen lassen, bis das Gemüse gar ist ➡ Garnelen oder Krabben dazugeben, umrühren und 5 Minuten garen ➡ heiß servieren.

****

Erbsensuppe

Zutaten:

250 g frische oder gefrorene Erbsen
je 1/2 Tasse zerkleinerte Süßkartoffeln und Kochbananen (Plantain)
250 g Rindfleisch, in kleine Stücke schneiden, salzen und ca. 30 Minuten ziehen lassen
50 g Kokosnusspaste (siehe Seite 11)
Ca. 1 Liter Wasser
1 Teelöffel Thymian
Salz und Pfeffer

So wird es gemacht:

☺ Wasser, Fleisch und Kokosnusspaste in einen Topf geben, umrühren und kochen lassen, bis die Fleischstücke gar sind ➟ Gemüse und Thymian dazugeben ➟ salzen und pfeffern ➟ köcheln lassen, bis das Gemüse gar ist ➟ heiß servieren.

****

Nudelsuppe

Zutaten:

50 g Fadennudeln (Vermicellesnudeln)
25 g Kokosnusspaste (siehe Seite 11)
ca. 1 Liter Brühe oder Wasser
100 g gekochtes Hähnchenfleisch, zerkleinern
Folgende Zutaten in einem Mörser zerdrücken:
- 1 Zwiebel, schälen und hacken
- 1 Knoblauchzehe, schälen und hacken
- 1 Teelöffel Ingwerpulver
- 1/2 Chilischote, hacken

1 Esslöffel Arame (gehacktes Seegras)
1 Esslöffel Butter
Salz
Pfeffer
Gehackte Petersilie oder Lauchzwiebeln, zum Garnieren

So wird es gemacht:

☺ Kokosnusspaste zu der Gewürzpaste geben und gut vermengen ➟ Butter in einem Topf zerlassen ➟ Gewürzpaste dazugeben und kurz dünsten ➟ Wasser nach und nach dazugeben und umrühren, dabei zum Kochen bringen ➟ salzen und pfeffern ➟ die restlichen Zutaten dazugeben und ca. 5 Minuten kochen lassen, bis die Nudeln gar sind ➟ mit Petersilie oder Lauchzwiebeln garnieren und servieren.

****

Fleischsuppe

Zutaten:

500 g Lammfleisch, in kleine Stücke schneiden, waschen und abtropfen lassen
2 Zwiebeln, schälen und hacken
Einige Cocoknollen, schälen und hacken
150 g Kürbis, schälen und in kleine Stücke schneiden
1 bis 2 Knoblauchzehen, schälen und mit etwas Salz und Pfeffer zerdrücken
1 Teelöffel Garam Masala
500 ml Wasser
Salz und Pfeffer
Öl oder Butter

So wird es gemacht:

☺ Fleischstücke in eine Schale geben ➟ Knoblauchpaste dazugeben, gut vermengen und ca. 30 Minuten ziehen lassen ➟ Öl oder Butter in einer Pfanne erhitzen ➟ Fleischstücke dazugeben und knusprig braten, vom Herd nehmen und beiseite stellen.

☺ Wasser zum Kochen bringen ➟ alle Zutaten dazugeben, Topf zudecken und bei schwacher Hitze ca. 25 Minuten köcheln lassen, bis die Zutaten gar sind ➟ abschmecken und heiß servieren.

****

Erdnusssuppe

Zutaten:

250 ml Milch
200 g geschälte und geröstete Erdnüsse
ca. 600 ml Wasser
1 Zwiebel, schälen und hacken
1 Esslöffel Butter
1 Teelöffel getrockneter Estragon
Pfeffer

So wird es gemacht:

☺ Milch und Erdnüsse in einen Mixaufsatz geben und pürieren.
☺ Butter in einem Topf zerlassen ➟ Zwiebel dazugeben und glasig dünsten ➟ die restlichen Zutaten dazugeben, gut vermengen und zum Kochen bringen, dann bei schwacher Hitze ca. 25 Minuten köcheln lassen ➟ mit weißem Pfeffer abschmecken und servieren.

****

Variante 2

Zutaten:

1 Liter Brühe
2 Esslöffel Erdnussbutter
1 Zwiebel, schälen und hacken
3 cm Ingwerwurzel, schälen und hacken
1 Cocoknolle (Eddoe), schälen und zerkleinern
1 Teelöffel Thymian
1 Esslöffel Tomatenmark
Salz und Pfeffer

So wird es gemacht:

☺ 1 Tasse Brühe, Tomatenmark und Erdnussbutter in einen Topf geben und gut verrühren ➟ die restlichen Zutaten (außer Coco) dazugeben und zum Kochen bringen, dann bei schwacher Hitze ca. 25 Minuten köcheln lassen ➟

Cocostücke dazugeben und 10 Minuten weiter köcheln lassen ➡ abschmecken und servieren.

****

Knoblauchsuppe

Zutaten:

300 ml Fleischbrühe
5 bis 6 Knoblauchzehen, schälen und vierteln
1 Esslöffel Butter
4 Scheiben Toastbrot
Eventuell Parmesankäse

So wird es gemacht:

☺ Knoblauchzehen und Brühe in einen Topf geben und zum Kochen bringen, dann bei schwacher Hitze 10 bis 15 Minuten köcheln lassen, bis die Knoblauchzehen sehr weich sind ➡ Knoblauch aus der Brühe nehmen, zerdrücken und beiseite stellen ➡ Brühe heiß halten.

☺ Toastbrot von einer Seite toasten, die andere Seite erst mit Butter bestreichen, dann mit Knoblauchpaste bestreichen. Evtl. mit Parmesankäse bestreuen ➡ in einer Pfanne ca. 30 Sekunden braten (Belag nach oben) ➡ auf vier Suppenteller verteilen, Knoblauchbrühe darüber geben und servieren.

****

Lammsuppe

Zutaten:

1 kg Lammrippchen
500 g Tomaten, Haut anritzen, mit kochendem Wasser überbrühen, Haut abziehen, halbieren, Samen entfernen und hacken
3 Tassen Wasser oder Brühe
1/2 Tasse Weißwein
1 Knoblauchzehe, schälen und mit etwas Salz zerdrücken
1/2 Bund Petersilie, Blätter waschen und hacken
je 1 Teelöffel Salz und Thymian
1 Zitrone, in Scheiben schneiden
150 g frische oder gefrorene Okra, in Scheiben

schneiden
1 Tasse frische oder gefrorene schwarze Augenbohnen (oder normale Bohnen)
Öl

So wird es gemacht:

☺ Öl in einem Topf erhitzen ➟ Lammrippchen dazugeben und knusprig braten ➟ das überschüssige Bratfett entfernen ➟ alle anderen Zutaten (außer Okra und Bohnen) dazugeben und umrühren ➟ zum Kochen bringen, Topf zudecken und bei schwacher Hitze ca. 1 Stunde köcheln lassen ➟ Okra und Bohnen dazugeben und ca. 15 Minuten garen ➟ abschmecken und servieren.

****

Spargelsuppe

Zutaten:

500 g Spargel, harte Stellen entfernen und hacken
1 Tasse Milch
1 Teelöffel Salz
1 Prise Pfeffer
2 Esslöffel Butter
2 Esslöffel Maizena (Maisstärke)
Einige getrocknete Kirschen

So wird es gemacht:

☺ Spargel in reichlich Wasser kochen ➟ 1½ Tassen Spargelwasser beiseite stellen ➟ Spargel in ein Sieb geben und abtropfen lassen ➟ ca. 1/2 Tasse Spargel beiseite stellen.

☺ 1/2 Tasse Spargelwasser, getrocknete Kirschen und Spargel mit Elektroküchenmaschine pürieren.

☺ je 1 Tasse Milch und etwas Spargelwasser, Maizena, Salz und eine Prise Pfeffer in einen Topf geben und gut verrühren ➟ Butter dazugeben und bei mittlerer Hitze ca. 1 Minute kochen lassen ➟ Spargelpüree und gehackten Spargel dazugeben und bei schwacher Hitze einige Minuten köcheln lassen. Während des Kochens ununterbrochen rühren.

****

Gemüsesuppe

Zutaten:

ca. 500 g verschiedene Gemüsesorten (Karotten, Erbsen, Bohnen, Kohl usw.....), zerkleinern
Gekochte Hähnchenbrust, zerkleinern
1 Zwiebel, schälen und hacken
1 Knoblauchzehe, schälen und mit etwas Salz zerdrücken
1 Tasse Brühe
je 1/4 Teelöffel Chilipulver, Majoran, Oregano, Basilikum, Senfpulver, Ingwerpulver und Garam Masala
1 bis 2 Esslöffel gehackte Petersilie
Öl oder Butter
Salz
Pfeffer

So wird es gemacht:

☺ Butter oder Öl in einem Topf erhitzen ➟ Zwiebeln dazugeben und glasig dünsten ➟ Knoblauchpaste untermengen und kurz dünsten ➟ Gemüse und Gewürze dazugeben und einige Minuten braten ➟ Hähnchenfleisch und Brühe dazugeben und umrühren, dann Wasser darüber geben, bis das Wasser ca. 3 Fingerbreit übersteht ➟ mit Salz und Pfeffer abschmecken und kochen lassen, bis das Gemüse gar ist ➟ vom Herd nehmen und abkühlen lassen, dann mit einer Elektroküchenmaschine pürieren und die Suppe erhitzen ➟ Petersilie darüber streuen oder untermengen und servieren.

****

Reisgerichte

Reis kochen - Grundrezept

Zutaten:

1 Tasse Langkornreis, waschen und abtropfen lassen
2 Tassen Wasser
1 Teelöffel Salz (oder mehr)

So wird es gemacht:

☺ Reis, Wasser und Salz in einen Topf geben und umrühren ➟ Topf zudecken und kurz zum Kochen bringen, dann bei schwacher Hitze ca. 25 Minuten köcheln lassen, bis der Reis gar und trocken ist ➟ heiß zu Hauptgerichten servieren.

****

Reis mit Krabben

Zutaten:

1½ Tassen Langkornreis, wie oben beschrieben (Grundrezept) kochen
100 g Krabbenfleisch
100 g gehackter Schinken
1 Zwiebel, schälen und fein hacken
2 Tomaten, Haut anritzen, mit kochendem Wasser überbrühen, halbieren, Samen entfernen und hacken
Salz und Pfeffer
Öl oder Butter

So wird es gemacht:

☺ Während der Reis kocht, Öl oder Butter in einem Topf erhitzen ➟ Zwiebel dazugeben und glasig dünsten ➟ Schinken dazugeben und braten ➟ Tomaten und Krabben untermengen und garen ➟ salzen und pfeffern ➟ den fertig gekochten Reis darüber geben, gut vermengen und heiß servieren.

****

Reis mit Bohnen

Zutaten:

250 g Langkornreis, waschen und abtropfen lassen
100 g Kidneybohnen (oder eine andere Sorte), über Nacht in Wasser einweichen
1 Knoblauchzehe, schälen und mit etwas Salz zerdrücken
1 Zwiebel, schälen, halbieren und in feine Scheiben schneiden
25 g Kokosnusspaste (siehe Seite 11)
Salz, Pfeffer und Thymian

So wird es gemacht:

☺ Bohnen in einen Topf geben, mit Wasser bedecken und fast gar kochen ➟ die restlichen Zutaten dazugeben ➟ umrühren und köcheln lassen, bis die Zwiebelscheiben weich sind ➟ Reis dazugeben und umrühren ➟ Wasser darüber geben, bis der Wasserspiegel ca. 1½ Fingerbreit über der Masse steht ➟ Topf zudecken und kurz zum Kochen bringen, dann bei schwacher Hitze ca. 25 Minuten köcheln lassen, bis der Reis gar und trocken ist ➟ heiß zu Fleisch- oder Gemüsegerichten servieren.

****

Variante 2

Zutaten:

2 Tassen Langkornreis, waschen, abtropfen lassen und gar kochen (siehe Grundrezept-Seite 41)
1 Tasse Bohnen (Sorte nach Belieben), einige Stunden in Wasser einweichen
3 Tassen Wasser
2 Zwiebeln, schälen und hacken
1 Paprikaschote, Stielansatz entfernen, halbieren, Samen entfernen und hacken
1 Knoblauchzehe, schälen und mit etwas Salz zerdrücken

1 Bund Petersilie, Blätter waschen und hacken
2 Esslöffel fein gehackter Speck
2 bis 3 geräucherte Würstchen, in Scheiben schneiden
Salz und Pfeffer

So wird es gemacht:

☺ Bohnen und 3 Tassen Wasser in einen Topf geben und kochen lassen, bis die Bohnen gar sind und viel Flüssigkeit verdampft ist ➟ salzen und pfeffern.

☺ Speck in einer Pfanne zerlassen ➟ Zwiebeln, Würstchen, Paprikaschoten und Knoblauch dazugeben und dünsten ➟ Petersilie untermengen und Pfanneninhalt zu den Bohnen geben und gut vermengen ➟ gekochten Reis auf Teller geben und Bohnen darauf häufen ➟ heiß servieren.

****

Reis mit Leber

Zutaten:

250 g Rinderleber, in Stücke schneiden, waschen und abtropfen lassen
1½ Tassen Langkornreis, waschen und abtropfen lassen, dann gar kochen (siehe Seite 40)
1 Knoblauchzehe, schälen und mit etwas Salz zerdrücken
4 Tomaten, hacken
1 Zwiebel, schälen und hacken
1 Paprikaschote, Stielansatz entfernen, halbieren, Samen entfernen und hacken
Öl oder Butter
Salz, Pfeffer und Chilipulver

So wird es gemacht:

☺ Öl oder Butter in einem Topf erhitzen ➟ Zwiebel dazugeben und glasig dünsten ➟ Knoblauchpaste untermengen und kurz dünsten ➟ Leberstücke dazugeben und braten, bis sie Farbe annehmen ➟ 1/4 Tasse Wasser, Tomaten, Paprika, Salz, Pfeffer und Chilipulver dazugeben,

umrühren und garen.
☺ Gekochten Reis auf Servierteller häufen ➟ Leber darüber geben und heiß servieren.

****

Reis mit Okra

Zutaten:

1½ Tassen Langkornreis, waschen und abtropfen lassen
1 Tasse frische Okraschoten, Stielansätze kegelförmig abschneiden, waschen, abtropfen lassen und in Scheiben schneiden (falls man getrocknete Okra verwenden möchte, die Schoten über Nacht in Wasser einweichen)
2 bis 3 Scheiben Schinken, hacken
2 Zwiebeln, schälen und hacken
2 Esslöffel gehackte Petersilie
200 g Tomaten, hacken
1 Tasse Brühe
2 Tassen Wasser
Salz, Pfeffer und Chilipulver
Öl oder Butter

So wird es gemacht:

☺ Öl oder Butter in einem Topf erhitzen ➟ Okra und Schinken dazugeben und braten ➟ Zwiebeln, Petersilie und mehr als die Hälfte der gehackten Tomaten untermengen und dünsten, bis die Okra gar sind ➟ mit Salz, Pfeffer und Chilipulver abschmecken ➟ Brühe, Wasser und Reis dazugeben und umrühren ➟ Topf zudecken und kurz zum Kochen bringen, dann bei schwacher Hitze ca. 25 Minuten köcheln lassen, bis der Reis gar und trocken ist ➟ die restlichen Tomaten untermengen und heiß servieren.

****

Knoblauchreis

Zutaten:

1½ Tassen Langkornreis, waschen und abtropfen lassen
3 Tassen Wasser
2 bis 3 Knoblauchzehen, schälen und 1/4 Chilischote, mit etwas Salz in einen Mörser geben und zerdrücken
3 Esslöffel Zitronensaft
1/4 Teelöffel Kurkuma
4 bis 5 Esslöffel gehackter Schnittlauch
Butter
Salz und Pfeffer

So wird es gemacht:

☺ Butter in einem Topf erhitzen ➡ Knoblauchpaste dazugeben und bei schwacher Hitze dünsten, bis sie helle Farbe annimmt ➡ Reis, ca. 1 Teelöffel Salz, Pfeffer, Kurkuma, Zitronensaft, Schnittlauch und Wasser dazugeben und gut verrühren ➡ Topfdeckel in ein Geschirrtuch hüllen und den Topf damit zudecken ➡ kurz zum Kochen bringen, dann bei schwacher Hitze ca. 25 Minuten köcheln lassen, bis die Flüssigkeit verdampft und der Reis gar ist ➡ heiß zu Fleisch-, Geflügel- oder Gemüsegerichten servieren.

****

Tamarindereis

Zutaten:

1½ Tassen Langkornreis, waschen und abtropfen lassen, dann gar kochen (siehe Seite 40)
1 Knoblauchzehe, schälen und mit etwas Salz zerdrücken
1 Esslöffel gehackte Zwiebeln
1 Stück Tamarinde, vierteln
Öl

So wird es gemacht:

☺ Öl in einer Pfanne erhitzen ➞ Zwiebeln dazugeben und glasig dünsten ➞ Knoblauchpaste untermengen und kurz dünsten ➞ Tamarinde und ca. 1/2 Tasse Wasser darüber geben und gut vermengen ➞ kurz zum Kochen bringen, dann bei schwacher Hitze kurz köcheln lassen ➞ Tamarindestücke aus der Soße nehme ➞ Soße über den fertig gekochten Reis geben, umrühren und heiß zu Curry- oder Fischgerichten servieren.

****

Kokosnussreis

Zutaten:

1½ Tassen Langkornreis, waschen, abtropfen lassen, in kaltem Wasser ca. 1 Stunde einweichen, in ein Sieb geben und abtropfen lassen
250 ml Kokosnussmilch (siehe Seite 11)
Salz
Zimt

So wird es gemacht:

☺ Reis, Kokosnussmilch, 1 Teelöffel Salz und Zimt in einen Topf geben ➞ Topf zudecken und kurz zum Kochen bringen, dann bei schwacher Hitze ca. 25 Minuten köcheln lassen, bis der Reis gar und trocken ist ➞ Reis mit einer Gabel lockern und heiß zu Gemüse- oder Fleischgerichten servieren.

****

Variante 2

Zutaten:

1½ Tassen Langkornreis, waschen, abtropfen lassen, in kaltem Wasser ca. 1 Stunde einweichen, in ein Sieb geben und abtropfen lassen
2 Tassen Kokosnussmilch (siehe Seite 11)
1 Zwiebel, schälen, halbieren, teilweise in Scheiben schneiden und den Rest hacken
2 Tomaten, hacken
1 Esslöffel Tomatenmark
1/2 Teelöffel Chilipulver
100 g Krabbenfleisch
4 Hähnchenkeulen oder Bruststücke
Salz
Öl, zum Braten
2 Esslöffel Butter

So wird es gemacht:

☺ Hähnchenteile und Zwiebelscheiben in einen Topf geben ➟ mit Wasser bedecken, salzen und fast gar kochen ➟ Krabben dazugeben und gar kochen ➟ Topfinhalt durch ein Sieb geben und abtropfen lassen. Brühe auffangen ➟ Hähnchenfleisch zerkleinern.

☺ Öl in einer Pfanne erhitzen ➟ Hähnchenfleisch und Krabben dazugeben und braun braten.

☺ 2 Tassen Kokosnussmilch und 1 Tasse Brühe in einen Topf geben ➟ Salz und Tomatenmark dazugeben und auflösen ➟ die restlichen Zutaten (außer Reis) dazugeben ➟ umrühren und kurz zum Kochen bringen, dann bei schwacher Hitze ca. 10 Minuten köcheln lassen ➟ Reis untermengen ➟ Topfdeckel in ein Geschirrtuch hüllen und damit den Topf zudecken ➟ kurz aufkochen lassen, dann bei schwacher Hitze 20 bis 25 Minuten köcheln lassen, bis der Reis gar und trocken ist ➟ heiß servieren.

****

Gemüsegerichte

Okra mit Tomaten

Zutaten:

500 g frische Okraschoten, Stielansätze kegelförmig abschneiden, waschen, abtropfen lassen und in dicke Scheiben schneiden
5 Tomaten, hacken
2 Zwiebeln, schälen und hacken
1 lange milde Peperoni, Stielansatz entfernen, der Länge nach halbieren, Samen entfernen und hacken
Salz, Pfeffer, Chilipulver und Piment
Öl, Butter oder Margarine

So wird es gemacht:

☺ Öl in einem Topf erhitzen ➟ Zwiebeln dazugeben und glasig dünsten ➟ Tomaten, Okra, Peperoni und Gewürze dazugeben, umrühren und bei schwacher Hitze 15 bis 20 Minuten köcheln lassen, bis das Gemüse gar ist. Evtl. etwas Wasser darüber geben.

oooooooooo

Gewürzte Auberginen

Zutaten:

1 Aubergine (ca. 500 g), Stielansatz abschneiden, schälen, in Scheiben schneiden, dann die Scheiben in Streifen schneiden und vierteln
2 Zwiebeln, schälen und hacken
2 Knoblauchzehen, schälen und mit etwas Salz zerdrücken
1 Bund Lauchzwiebeln, hacken
1/4 Chilischote, zerdrücken
2 Esslöffel Sojasoße
1/2 Teelöffel Garam Masala
Salz und Pfeffer

Öl, zum Braten

So wird es gemacht:

☺ Öl in einem Topf erhitzen ➡ Auberginen und Zwiebeln dazugeben und ca. 10 Minuten bei mittlerer Hitze garen ➡ 1 bis 2 Esslöffel Wasser darüber geben, umrühren und für weitere 5 Minuten garen ➡ Garam Masala, Sojasoße, Chili, Knoblauch, Salz und Pfeffer untermengen ➡ in eine Schale geben ➡ mit Lauchzwiebeln garnieren und servieren.

oooooooooo

Kürbis mit Auberginen

Zutaten:

250 g Kürbis, halbieren, Samen entfernen, schälen und in kleine Würfel schneiden
1 kleine Aubergine, Stielansatz abschneiden und in Stücke schneiden
4 Tomaten, Haut anritzen, mit kochendem Wasser überbrühen, Haut abziehen und hacken
2 Zwiebeln, schälen und hacken
1 Knoblauchzehe, schälen und hacken
1 lange milde Peperoni, Stielansatz und Samen entfernen und hacken
125 ml Wasser
2 Esslöffel gehackte Petersilie
3 Esslöffel Öl
Salz, Pfeffer und Garam Masala

So wird es gemacht:

☺ Öl in einem Topf erhitzen ➡ Zwiebeln dazugeben und glasig dünsten ➡ Knoblauch untermengen und 1 bis 2 Minuten dünsten ➡ Auberginen, Tomaten, Kürbis und Peperoni dazugeben, umrühren, Topf zudecken und ca. 10 Minuten köcheln lassen. Zwischendurch Wasser darüber geben, bis die 125 ml Wasser verbraucht sind und eine dicke Soße entstanden ist ➡ Petersilie, Salz, Pfeffer und Garam Masala untermengen und 5 Minuten köcheln lassen, bis das Gemüse gar und die Flüssigkeit fast verdampft ist ➡ heiß mit

Reis oder Kartoffeln servieren.

○○○○○○○○○○

Auberginen mit Tomaten

Zutaten:

1 mittelgroße Aubergine, Stielansatz entfernen, schälen, in dicke Streifen schneiden und würfeln
5 bis 6 Tomaten, Haut anritzen, mit kochendem Wasser überbrühen, Haut abziehen und hacken
1 Esslöffel Tomatenmark, in etwas Wasser auflösen
2 Knoblauchzehen, schälen und hacken
1 Zwiebel, schälen und hacken
250 g gekochter Mais, pürieren
2 Esslöffel Melonenkernpulver
ca. 450 ml Wasser
1 Bund Koriander, Blätter waschen und hacken. Ersatzweise 1 Esslöffel getrockneter Koriander
1 Esslöffel getrockneter Thymian
1 Teelöffel Garam Masala
je 1 Esslöffel Palmöl und Erdnussöl
Salz
Pfeffer
Chilipulver (Menge nach Geschmack)

So wird es gemacht:

☺ Öl in einem Topf erhitzen ➠ Zwiebel dazugeben und glasig dünsten ➠ Knoblauch und Tomaten untermengen und ca. 10 Minuten dünsten ➠ Melonenkernpulver untermengen und 3 bis 4 Minuten köcheln lassen ➠ die restlichen Zutaten dazugeben, umrühren und 30 bis 35 Minuten köcheln lassen, bis das Gemüse gar und eine dicke Soße entstanden ist ➠ heiß mit Brot, gebratenen Kochbananen, Coco, Yam oder Kartoffeln servieren.

○○○○○○○○○○

New Orleans-Gemüse

Zutaten:

50 g grüne Bohnen, waschen und zerkleinern
100 g Okraschoten, Stielansätze kegelförmig abschneiden, waschen und zerkleinern
1 Sellerie, hacken
2 Zwiebeln, schälen und hacken
4 bis 5 Tomaten, Haut anritzen, mit kochendem Wasser überbrühen, Haut abziehen und hacken
2 Karotten, schaben und in Scheiben schneiden
evtl. 2 Kartoffeln, schälen und vierteln
2 Knoblauchzehen, schälen und hacken
75 g gekochte Kichererbsen
25 g Erbsen
2 frische Maiskolben, vierteln
2 lange milde Peperoni, Stielansatz und Samen entfernen und hacken
2 Esslöffel Mehl oder Maismehl
2 Esslöffel gehackte Petersilie
2 bis 3 Esslöffel frischer Thymian
2 Esslöffel Worcestersoße
500 ml Wasser oder Brühe
50 g Butter oder Margarine
Salz, Pfeffer und Chilipulver

So wird es gemacht:

☺ Butter in einem Topf bei schwacher Hitze zerlassen, bis sie Farbe annimmt ➡ Okra, Bohnen und Erbsen dazugeben und weich dünsten ➡ Knoblauch, Zwiebeln und Sellerie untermengen und 3 bis 4 Minuten dünsten ➡ Tomaten dazugeben und gut vermengen ➡ Mehl in dem Wasser auflösen und langsam zu dem Gemüse geben, dann bei mittlerer Hitze kochen lassen ➡ Karotten, Peperoni, Thymian, Petersilie und Worcestersoße dazugeben, umrühren und 4 bis 5 Minuten kochen lassen ➡ Kichererbsen und Mais (evtl. Kartoffeln) untermengen, kochen lassen, bis die Maiskolben und Karotten gar sind ➡ mit Salz, Pfeffer und Chilipulver abschmecken ➡ heiß mit Reis servieren.

Geschmorte Okra

Zutaten:

250 bis 300 g frische Okraschoten, Stielansätze kegelförmig abschneiden, waschen, abtropfen lassen und halbieren
1 Tomate, Haut anritzen, mit kochendem Wasser überbrühen, Haut abziehen und hacken
1 bis 2 Knoblauchzehen, schälen und hacken
1 Zwiebel, schälen und hacken
1 lange milde Peperoni, Stielansatz und Samen entfernen und hacken
1 bis 2 Teelöffel Zitronensaft
1 Teelöffel Kümmel
1 Prise Chilipulver
1 Esslöffel Butter oder Margarine
Öl
Salz
Pfeffer

So wird es gemacht:

☺ Butter in einem Topf zerlassen ➟ Zwiebeln dazugeben und glasig dünsten ➟ Tomaten untermengen und kurz dünsten ➟ Okra dazugeben, gut vermengen und bei schwacher Hitze ca. 10 Minuten köcheln lassen ➟ Peperoni, Kümmel, Chilipulver, Salz, Pfeffer und Zitronensaft dazugeben und gut vermengen ➟ ca. 10 Minuten köcheln lassen, bis das Gemüse gar ist. Evtl. etwas Wasser dazugeben ➟ Topfinhalt in eine Servierschüssel geben.
☺ Öl in einer Pfanne erhitzen ➟ Knoblauch dazugeben und goldbraun dünsten ➟ über die Okra geben und servieren.

oooooooooo

Kürbispüree

Zutaten:

500 g geschälter und zerkleinerter Kürbis
2 große Tomaten, Haut abziehen und hacken
1 Zwiebel, schälen und hacken
1 Knoblauchzehe, schälen und mit etwas Salz zerdrücken
2 Esslöffel gehackte Petersilie
2 Esslöffel Öl, Butter oder Margarine
Salz und Pfeffer

So wird es gemacht:

☺ Öl oder Butter in einem Topf erhitzen ➟ Zwiebeln und Knoblauch dazugeben und glasig dünsten ➟ Kürbis und Tomaten untermengen und gar kochen ➟ Petersilie, Salz und Pfeffer dazugeben und umrühren ➟ Topfinhalt mit einem Löffel oder einer Gabel pürieren und servieren.

☺☺☺☺☺☺☺☺☺☺

Vegetarische Frikadellen

Zutaten:

500 g Plantain (Kochbanane), schälen und pürieren
250 g Maismehl
1 Zwiebel, schälen und fein hacken
1/2 Teelöffel Ingwerpulver
1/2 Teelöffel Chilipulver
100 ml Palmnussöl
Salz

So wird es gemacht:

☺ Alle Zutaten in eine Schale geben und gut vermengen ➟ Öl in einer Pfanne erhitzen ➟ Plantainpüree löffelweise in das heiße Öl geben ➟ zuerst die eine Seite ca. 4 Minuten braten, dann mit dem Löffel flach drücken, umdrehen und weiter braten, bis die Frikadellen goldbraune Farbe annehmen ➟ heiß zu Fisch- oder Bohnengerichten servieren.

☺☺☺☺☺☺☺☺☺☺

Schmorbohnen

Zutaten:

250 g gekochte Kidneybohnen (oder eine andere Bohnensorte)
100 g Weißkohl, hacken
250 ml Wasser
3 Tomaten, Haut anritzen, mit kochendem Wasser überbrühen, Haut abziehen und hacken
1 Zwiebel, schälen und hacken
2 Knoblauchzehen, schälen und mit etwas Salz zerdrücken
50 g Kokosnusspaste (siehe Seite 11)
2 Esslöffel gehackte Petersilie
2 Esslöffel frischer Thymian
1/2 Teelöffel Piment
1/4 Teelöffel Garam Masala
1/2 Chilischote, fein hacken
1 Esslöffel Sojasoße
Salz
Öl

So wird es gemacht:

☺ Öl in einem Topf erhitzen ➟ Zwiebeln und Knoblauch dazugeben und glasig dünsten ➟ die restlichen Zutaten (außer Kokosnusspaste) untermengen ➟ kochen lassen, bis der Weißkohl gar ist ➟ Kokosnusspaste dazugeben und gut vermengen. Falls nötig etwas Wasser dazugeben ➟ bei schwacher Hitze ca. 5 Minuten köcheln lassen ➟ heiß mit Reis, Kartoffeln oder Brot servieren.

oooooooooo

Spinat mit Egusi

Zutaten:

500 g Blattspinat, waschen und abtropfen lassen
50 g geschälte Melonenkerne (Egusi), in einen Mörser geben und zerdrücken, dann mit etwas Wasser zu einem dicken Brei verrühren

2 Tomaten, Haut anritzen, mit kochendem Wasser überbrühen, Haut abziehen und hacken
75 ml Wasser
1 Zwiebel, schälen und hacken
1 Knoblauchzehe, schälen und mit etwas Salz zerdrücken
2,5 cm Ingwerwurzel, schälen und hacken
50 ml Palmnussöl
Salz, Pfeffer und Chilipulver

So wird es gemacht:

☺ Spinatblätter mit kochendem Wasser überbrühen, in ein Sieb geben, abtropfen und abkühlen lassen ➟ das restliche Wasser aus dem Spinat auspressen ➟ Spinat beiseite stellen.

☺ Öl in einem Topf erhitzen ➟ Zwiebeln dazugeben und glasig dünsten ➟ Knoblauchpaste und Ingwerwurzel untermengen und kurz dünsten ➟ Tomaten dazugeben, gut vermengen und bei schwacher Hitze 6 bis 7 Minuten köcheln lassen ➟ 75 ml Wasser, Egusibrei, Salz, Pfeffer und Chilipulver dazugeben, umrühren und 5 bis 6 Minuten köcheln lassen, dann den Spinat untermengen und für ca. 15 Minuten garen (Topf nicht zudecken) ➟ heiß mit Reis, Coco oder Kartoffeln servieren.

☺☺☺☺☺☺☺☺☺☺

Gemüse mit Ake

Zutaten:

250 g kleine Okraschoten, Stielansätze kegelförmig abschneiden, waschen, abtropfen lassen und der Länge nach halbieren
1 Zucchini, Stielansätze abschneiden, in vier Streifen schneiden und zerkleinern
1 kleine Dose Ake. Inhalt in ein Sieb geben und abtropfen lassen (siehe auch Seite 7)
1 Zwiebel, schälen und hacken
1 Knoblauchzehe, schälen und mit etwas Salz zerdrücken
1 bis 2 lange milde Peperoni, Stielansätze entfernen,

der Länge nach halbieren, Samen entfernen und hacken
1/2 Bund Lauchzwiebeln, hacken
2 Schalotten, hacken
1/2 Teelöffel Zimt
2 Esslöffel Butter, Öl oder Margarine
Salz, Pfeffer und Chilipulver

So wird es gemacht:

☺ Öl, Butter oder Margarine in einem Topf erhitzen ➟ Zwiebeln dazugeben und glasig dünsten ➟ Knoblauchpaste dazugeben und kurz dünsten ➟ Okra und Zucchini untermengen und ca. 10 Minuten schmoren lassen. Eventuell etwas Wasser darüber geben ➟ Lauchzwiebeln, Schalotten und Peperoni dazugeben und gut vermengen ➟ mit Salz, Pfeffer und Chilipulver abschmecken ➟ Ake dazugeben ➟ gut vermengen und heiß servieren.

°°°°°°°°°°

Bohnen mit Ake

Zutaten:

200 g gekochte rote Bohnen
200 g gekochte Kidneybohnen
1 große Dose Ake. Doseninhalt in ein Sieb geben und abtropfen lassen
1 Zwiebel, schälen und hacken
1 Bund Lauchzwiebeln, hacken
1 Schalotte, schälen und hacken
1 Esslöffel gehackte Petersilie
1 Esslöffel Kokosnusspaste (siehe Seite 11)
1/2 Chilischote, fein hacken
1 Teelöffel Kümmelpulver
Chilisoße
2 Esslöffel Öl
Salz
Pfeffer

So wird es gemacht:

☺ Öl in einem Topf erhitzen ➡ Zwiebeln und Chilischote dazugeben und weich dünsten ➡ salzen und pfeffern ➡ Petersilie, Bohnen und Kokosnusspaste untermengen und 4 bis 5 Minuten kochen lassen ➡ etwas Wasser vorsichtig dazugeben ➡ Lauchzwiebeln und Schalotten darüber geben und gut vermengen ➡ mit Chilisoße abschmecken ➡ zuletzt Ake dazugeben, kurz umrühren und erhitzen, damit die Ake nicht auseinander fallen ➡ heiß mit Brot oder gekochten Bananen servieren.

ooooooooooo

Bohnen in Palmnusssoße

Zutaten:

1 kg gekochte Bohnen (verschiedene Bohnensorten)
1 Zwiebel, schälen und hacken
2 Knoblauchzehen, schälen und hacken
3 Tomaten, Haut anritzen, mit kochendem Wasser überbrühen, Haut abziehen und hacken
200 ml Palmnussöl
Ca. 150 ml Wasser
1 Esslöffel Erdnussöl
Salz
Pfeffer
Chilipulver

So wird es gemacht:

☺ Öl in einem Topf erhitzen ➡ Zwiebeln dazugeben und glasig dünsten ➡ Knoblauch und Tomaten untermengen und ca. 5 Minuten köcheln lassen ➡ Palmnussöl dazugeben und gut vermengen ➡ Wasser darüber geben ➡ umrühren ➡ mit Salz, Pfeffer und Chilipulver abschmecken ➡ kurz zum Kochen bringen, dann bei schwacher Hitze 10 bis 12 Minuten köcheln lassen ➡ Bohnen dazugeben, umrühren und 5 bis 6 Minuten kochen lassen ➡ mit Brot oder Kartoffeln servieren.

ooooooooooo

New Orleans-Bohnen

Zutaten:

200 g schwarze Augenbohnen, über Nacht in kaltem Wasser einweichen, in ein Sieb geben und abtropfen lassen
50 g Blattspinat, hacken, waschen und abtropfen lassen
1 Liter Wasser
1 Knoblauchzehe, schälen und hacken
1 Zwiebel, schälen und hacken
1/2 Chilischote, hacken
2 Tomaten, Haut anritzen, mit kochendem Wasser überbrühen, Haut abziehen und hacken
1 Esslöffel Tomatenmark
1 Esslöffel Sojasoße
1 Esslöffel Kokosnussraspeln
je 1/2 Teelöffel Piment und Zimt
2 Esslöffel frischer Thymian
2 Esslöffel gehackte Petersilie
Eventuell zerkleinerte Karotten, Kartoffeln oder eine andere Gemüsesorte
Salz
Pfeffer

So wird es gemacht:

☺ Alle Zutaten (außer Gemüse und Kokosnuss) in einen Topf geben und kochen lassen, bis die Bohnen fast gar sind und viel Flüssigkeit verdampft ist ➡ abschmecken ➡ Kokosnussraspeln dazugeben und gut vermengen ➡ Gemüse untermengen und ca. 10 Minuten kochen lassen, bis das Gemüse gar und eine dicke Soße entstanden ist ➡ heiß servieren.

oooooooooo

Gemüse mit Kokosnuss

Zutaten:

1 kleiner Kohlkopf, Blätter waschen und zerkleinern
1 Paprikaschote, Stielansatz und Samen entfernen, in Streifen schneiden und zerkleinern
1 bis 2 Coco oder Kartoffeln, schälen, waschen und zerkleinern
2 bis 3 Karotten, schaben und in Scheiben schneiden
1 bis 2 lange milde Peperoni, Stielansätze entfernen, der Länge nach halbieren, Samen entfernen und hacken
Butter oder Margarine

Zutaten für die Soße:

400 ml Kokosnussmilch (siehe Seite 11)
1 Knoblauchzehe, schälen und fein hacken
1 Zwiebel, schälen und in Streifen schneiden
2 Esslöffel gehackte Petersilie
2 Esslöffel frische Thymian
1 cm Ingwerwurzel, schälen und feiner hacken
je 1/4 Teelöffel Nelkenpulver und Zimt
Pfeffer

So wird es gemacht:

☺ **Soße herstellen:**
Alle Zutaten für die Soße in einen Topf geben und zum Kochen bringen, dann bei schwacher Hitze köcheln lassen, bis eine dicke Soße entstanden ist. Während des Köcheln ununterbrochen rühren, damit nichts anbrennt ➡ Soße beiseite stellen.

☺ **Das Gericht fertig kochen:**
Butter oder Margarine in einem Topf zerlassen ➡ Gemüse dazugeben und schmoren lassen ➡ etwas Wasser darübergeben und ca. 10 Minuten köcheln lassen ➡ Kokosnusssoße darüber geben und umrühren ➡ kochen lassen, bis das Gemüse gar ist ➡ heiß servieren.

Gebackene Plantain

Zutaten:

4 Plantain (Kochbananen), schälen und vierteln
1 Esslöffel brauner Zucker
4 Esslöffel Butter
1 Esslöffel dunkler Rum

So wird es gemacht:

☺ Eine Auflaufform mit Butter einfetten und die Bananenstücke nebeneinander in die Form legen ➟ Butter und Rum darüber geben und im vorgeheizten Backofen (175°C) ca. 20 Minuten backen ➟ heiß servieren.

oooooooooo

Gebackene Süßkartoffeln

Zutaten:

2 bis 3 Süßkartoffeln, waschen, kochen, schälen und zerkleinern
ca. 300 g Kokosnusspaste (siehe Seite 11)
3 Esslöffel Kokosnussraspeln
Butter oder Margarine

So wird es gemacht:

☺ Backofen auf 175°C vorheizen.

☺ Eine Backform mit Butter einfetten ➟ Süßkartoffeln in die Form geben.

☺ Kokosnusspaste in einen Topf geben und kochen lassen, bis ca. 1/3 der Flüssigkeit verdampft ist ➟ über die Kartoffeln geben ➟ Kokosnussraspeln darüber streuen ➟ im vorgeheizten Backofen ca. 20 Minuten backen.

oooooooooo

Geflügelgerichte

Pfefferhähnchen

Zutaten:

1 Hähnchen, zerlegen, waschen und abtropfen lassen
1 Zwiebel, schälen und in Streifen schneiden
2 Tomaten, in Scheiben schneiden
1 Esslöffel Tomatenmark
1/2 Teelöffel schwarzer Pfeffer, aus der Mühle
1 Teelöffel Chilipulver
1 Teelöffel Garam Masala
1/2 Tasse Öl, zum Braten
1 Esslöffel zerlassene Butter
Salz

So wird es gemacht:

☺ Hähnchenteile in einen Topf geben und mit Wasser bedecken ➟ einige Zwiebelstreifen dazugeben ➟ salzen ➟ Topf zudecken und gar kochen ➟ Hähnchenteile aus der Brühe nehmen und in eine Auflaufform geben ➟ zerlassene Butter darüber geben und im vorgeheizten Backofen (175ºC) 30 Minuten backen.

☺ Öl in einer Pfanne erhitzen ➟ Zwiebeln dazugeben und glasig dünsten ➟ Tomaten, Chilipulver, Pfeffer, Garam Masala und Tomatenmark untermengen und einige Minuten dünsten ➟ 4 bis 5 Esslöffel Hühnerbrühe dazugeben und verrühren ➟ Auflaufform aus dem Ofen nehmen und die Pfeffersoße darüber geben ➟ heiß mit Reis servieren.

****

Variante 2

Zutaten:

1 Hähnchen, zerlegen, waschen und abtropfen lassen
2 Knoblauchzehen, schälen und mit etwas Salz zerdrücken
2 Esslöffel Sojasoße
2 Esslöffel Zitronensaft
1 Teelöffel schwarzer Pfeffer, aus der Mühle
1/2 Teelöffel Garam Masala
2 Esslöffel Tomatenmark
Salz

So wird es gemacht:

☺ Alle Zutaten (außer Hähnchenteile) in eine Schale geben und gut vermengen ➟ Hähnchenteile in der Marinade wälzen und über Nacht stehen lassen.
☺ Backofen auf 200ºC vorheizen ➟ die eingelegten Hähnchenteile auf eine Alufolie geben ➟ Marinade darüber geben ➟ Hähnchenteile mit der Alufolie gut einhüllen und 20 bis 30 Minuten im Backofen backen ➟ heiß mit Reis oder Bohnen servieren.

****

Hähnchenkeulen

Zutaten:

6 Hähnchenkeulen, waschen und abtropfen lassen
3 Esslöffel geröstete Erdnüsse, zerdrücken
2 Teelöffel Garam Masala
1 Teelöffel Chilipulver
Öl, zum Braten
Salz

So wird es gemacht:

☺ 1 bis 2 Esslöffel Öl, Gewürze, Salz und Erdnüsse zu einer Marinade verarbeiten ➟ Hähnchenkeulen in die Marinade geben und darin wälzen ➟ 1 Stunde ziehen lassen ➟ Öl in

einer Pfanne erhitzen ➟ Hähnchenkeulen dazugeben und goldbraun braten.
❍ Man kann die Keulen auch im Backofen backen oder grillen.

****

Gefüllte Ente

Zutaten:

1 Ente, waschen und abtropfen lassen
200 bis 250 g Rinderhack
250 g gekochte Yam
100 g gehackte Tomaten
1 Zwiebel, schälen und hacken
2 Esslöffel Erdnussöl
Salz, Pfeffer und Chilipulver

So wird es gemacht:

☺ Backofen auf 200°C vorheizen.
☺ Öl in einer Pfanne erhitzen ➟ Hackfleisch, Tomaten, Zwiebeln, Salz, Pfeffer und Chilipulver dazugeben und braten ➟ Yam mit einer Gabel pürieren und zum Hack geben, gut vermengen und kurz braten ➟ vom Herd nehmen.
☺ Ente von innen trocknen, dann mit Hackfleischmasse füllen und zunähen ➟ gefüllte Ente in eine Auflaufform geben und ca. 1 Stunde und 30 Minuten im Backofen goldbraun backen ➟ heiß mit Reis servieren.

****

Brathähnchen

Zutaten:

1 Hähnchen, in Teile zerlegen, Haut abziehen, waschen und abtropfen lassen
2 Eier
1/2 Tasse Mehl
700 ml Milch
1 Zwiebel, schälen und fein hacken
Salz, Pfeffer, Chilipulver, Thymian und Garam Masala (Menge nach Geschmack)
Öl, zum Braten

So wird es gemacht:

☺ Hähnchenteile mit Gewürzen bestreuen und beiseite stellen.

☺ Mehl in eine Schüssel geben ➟ in die Mitte eine Mulde drücken ➟ Eier aufschlagen, in die Mulde geben und gut vermengen ➟ Milch nach und nach dazugeben und rühren, bis eine weiche Masse entstanden ist ➟ Hähnchenteile in die Mehlmasse tauchen und ca. 10 Minuten stehen lassen ➟ Öl in einer Pfanne erhitzen und die Hähnchenteile darin goldbraun braten ➟ heiß mit Reis servieren.

****

Schmorhähnchen

Zutaten:

1 Hähnchen, in Teile zerlegen, Haut abziehen, waschen und abtropfen lassen
1 Knoblauchzehe, schälen und mit etwas Salz zerdrücken
1 Zwiebel, schälen und fein hacken
1 Teelöffel Zucker
Salz, Pfeffer, Chilipulver, Garam Masala und Thymian (Menge nach Geschmack)
Öl, zum Braten
Wasser

So wird es gemacht:

☺ Hähnchenteile in eine Schüssel geben ➟ Gewürze, Knoblauchpaste und Zwiebeln darüber geben, gut vermengen und 1 Stunde stehen lassen.

☺ Öl in einem Topf erhitzen ➟ Zucker dazugeben und braten, bis es anfängt zu rauchen ➟ Hähnchenteile dazugeben und goldbraun braten ➟ Topf zudecken und bei schwacher Hitze 10 bis 15 Minuten köcheln lassen ➟ 1/2 Tasse Wasser darüber gießen und ca. 15 Minuten garen. Falls nötig, etwas Wasser dazugeben ➟ heiß mit Reis servieren.

Knoblauchhähnchen

Zutaten:

1 Hähnchen (ca. 2 kg), waschen und abtropfen lassen
3 bis 4 Knoblauchzehen, mit etwas Salz zerdrücken
4 Esslöffel Zitronensaft
1 Zwiebel, schälen und hacken
5 bis 6 Kartoffeln, schälen, waschen und in kleine Würfel schneiden
1 Esslöffel gehackte Petersilie
1 Teelöffel Thymian
je 1/4 Teelöffel Kümmel, Anissamen, Nelkenpulver und Fenchel
1/2 Teelöffel Pfeffer
Salz
Butter

So wird es gemacht:

☺ Zitronensaft, Knoblauchpaste, Salz und Gewürze zu einer Marinade verarbeiten ➠ Kartoffeln mit etwas Marinade vermengen ➠ das Hähnchen mit der restlichen Marinade von außen und innen einreiben.
☺ Butter in einer Pfanne erhitzen ➠ Zwiebeln dazugeben und glasig dünsten ➠ marinierte Kartoffeln untermengen und braten ➠ vom Herd nehmen und beiseite stellen.
☺ Hähnchen mit Kartoffelmasse füllen, in eine Auflaufform geben und ca. 1 Stunde und 30 Minuten im vorgeheizten Backofen (200°C) braten. Zwischendurch wenden und mit etwas Wasser beträufeln ➠ heiß mit Reis servieren.

****

Hähnchen mit Zitrone

Zutaten:

2 kg Hähnchenteile, waschen und abtropfen lassen
250 g Zwiebeln, schälen und in Scheiben schneiden
2 Esslöffel Thymian
2 Esslöffel gehackte Petersilie
125 ml Zitronensaft
50 ml Malzessig
50 ml Erdnussöl
400 ml Wasser
1/2 Chilischote, fein hacken

So wird es gemacht:

☺ Zitronensaft, Essig, Zwiebeln und 2 Esslöffel Öl in eine Schüssel geben und zu einer Marinade verarbeiten ➠ Hähnchenteile in der Marinade wälzen und über Nacht stehen lassen ➠ Hähnchenteile aus der Marinade nehmen ➠ im Backofen oder auf einem Grill braun rösten und beiseite stellen.
☺ Öl in einem Topf erhitzen ➠ Zwiebeln aus der Marinade nehmen und glasig dünsten ➠ Marinade, Chili, Thymian, Petersilie und Wasser dazugeben, umrühren und ca. 10 Minuten köcheln lassen ➠ Hähnchenteile in die Soße geben und bei schwacher Hitze ca. 25 Minuten köcheln lassen, bis das Fleisch gar ist.

****

Hähnchen in Nusssoße

Zutaten:

1 Hähnchen, zerlegen, waschen und abtropfen lassen
1 Esslöffel Zitronensaft
1 Knoblauchzehe, mit etwas Salz zerdrücken
2 Esslöffel gehackte Petersilie
1 Esslöffel frischer Thymian
Salz und Pfeffer
Öl

Zutaten für die Soße:

500 g Tomaten, Haut anritzen, mit kochendem Wasser überbrühen, Haut abziehen und hacken
2 Zwiebeln, schälen und hacken
75 g geröstete Erdnüsse, zerdrücken (oder Erdnussbutter)
1/2 Teelöffel Chilipulver
300 ml Wasser

So wird es gemacht:

☺ Hähnchenteile mit Zitronensaft, Knoblauchpaste, Petersilie, Thymian, Salz und Pfeffer marinieren ➟ Öl in einem Topf erhitzen ➟ Hähnchenteile mit Marinade dazugeben und braten ➟ Hähnchenteile herausnehmen und beiseite stellen ➟ Tomaten, Zwiebeln und Chili in den Topf geben ➟ köcheln lassen, bis ein Teil der Tomatenflüssigkeit verdampft ist ➟ Erdnüsse oder Erdnussbutter dazugeben und gut vermengen ➟ Wasser darübergeben, umrühren und ca. 15 Minuten köcheln lassen ➟ Hähnchenteile in die Soße geben und ca. 15 Minuten köcheln lassen, bis die Hähnchenteile gar sind und eine dicke Soße entstanden ist ➟ heiß mit Brot oder Reis servieren.

****

Hähnchenflügel mit Mais

Zutaten:

1/2 kg Hähnchenflügel, waschen und abtropfen lassen
1 Tasse Maiskörner
250 g Rinderhack
2 Scheiben Schinken, hacken
500 g Tomaten, Haut anritzen, mit kochendem Wasser überbrühen, Haut abziehen und hacken
2 Esslöffel gehackte Petersilie
1 Paprikaschote, Stielansatz und Samen entfernen und hacken
1/2 Teelöffel Garam Masala
je 1/8 Teelöffel Chilipulver, Zimt und Fenchel
1/2 Tasse Brühe

Salz
Pfeffer
Öl, zum Braten

So wird es gemacht:

☺ Öl in einem Topf erhitzen ➟ Schinken dazugeben und knusprig braten ➟ aus dem Topf nehmen und beiseite stellen.

☺ Hähnchenflügel in das heiße Bratfett geben und braten, bis sie braune Farbe annehmen ➟ Hackfleisch untermengen und braten ➟ Paprikaschote dazugeben und ca. 2 Minuten braten ➟ das überschüssige Fett aus dem Topf abgießen ➟ Tomaten, 1/2 Tasse Brühe, Gewürze, Petersilie, Salz und Pfeffer dazugeben und gut vermengen ➟ Topf zudecken und bei schwacher Hitze ca. 15 Minuten köcheln lassen, bis die Hähnchenflügel gar sind ➟ Mais untermengen und für ca. 5 Minuten köcheln lassen ➟ das fertige Gericht in eine Schüssel geben, mit Schinken garnieren und heiß servieren.

****

Hähnchen mit Tomaten

Zutaten:

1 Hähnchen, zerlegen, Haut entfernen, waschen und abtropfen lassen
5 Tomaten, Haut anritzen, mit kochendem Wasser überbrühen, Haut abziehen und hacken
1 Zwiebel, schälen und hacken
2 Knoblauchzehen, schälen und hacken
1/2 Chilischote, hacken
Saft einer halben Zitrone
1 Teelöffel Kurkuma
1 Teelöffel getrockneter Thymian
Erdnussöl (ca. 3 Esslöffel)
1 Esslöffel Palmnussöl
Salz
Pfeffer

So wird es gemacht:

☺ Knoblauch, Chili, Thymian, Kurkuma, Salz und Pfeffer in einen Mörser geben und zerdrücken ➡ Zitronensaft und Palmnussöl dazugeben und gut vermengen ➡ Hähnchenteile in eine Schüssel geben ➡ Knoblauchmarinade darüber geben und gut vermengen ➡ 2 Stunden ziehen lassen.
☺ Zwiebeln in Erdnussöl glasig dünsten ➡ Tomaten untermengen und bei schwacher Hitze köcheln lassen, bis eine dicke Soße entstanden ist. Zwischendurch umrühren ➡ vom Herd nehmen und beiseite stellen.
☺ Öl in einem Topf erhitzen ➡ Hähnchenteile mit Marinade dazugeben und ca. 15 Minuten braten ➡ Tomatensoße darüber geben, umrühren und bei schwacher Hitze köcheln lassen, bis das Fleisch gar ist. Eventuell etwas Wasser dazugeben ➡ heiß mit Kokosnussreis servieren.

****

Grillhähnchen

Zutaten:

500 bis 600 g Hähnchenbrust, in Stücke schneiden, waschen und abtropfen lassen
1 Knoblauchzehe, schälen und mit etwas Salz zerdrücken
3 bis 4 lange milde Peperoni, in große Stücke schneiden
1 Zwiebel, schälen und hacken
1 Esslöffel Zitronensaft
1 Teelöffel Tomatenmark
2 Esslöffel gehackte Petersilie
je 1/2 Teelöffel Chilipulver und Piment
je 1/8 Teelöffel Zimt und Nelkenpulver
Salz
etwas Öl

So wird es gemacht:

☺ Alle Zutaten (außer Fleisch) in eine Schüssel geben und gut vermengen ➟ Hähnchenfleisch darin wälzen und über Nacht stehen lassen. Zwischendurch wenden.

☺ Grill mit Holzkohle vorheizen ➟ das eingelegte Fleisch kurz abtropfen lassen ➟ aufspießen, zwischen die Fleischstücke Peperoni spießen ➟ Fleischspieße über dem Grill rösten ➟ heiß mit Brot oder Reis servieren.

****

Kokosnusshähnchen

Zutaten:

6 bis 8 Hähnchenteile, waschen und abtropfen lassen
500 ml Kokosnussmilch (siehe Seite 11)
250 g Kartoffel, schälen, waschen und in Würfel schneiden
1 Zwiebel, schälen und hacken
5 Tomaten, Haut anritzen, mit kochendem Wasser überbrühen, Haut abziehen und hacken
2 Esslöffel gehackte Petersilie
2 Esslöffel frischer Thymian
2 Teelöffel Malz- oder Weinessig
1 Esslöffel brauner Zucker
1/4 Teelöffel Chilipulver
je 1/8 Teelöffel Nelkenpulver und Zimt
2 bis 3 Esslöffel Öl, zum Braten
Pfeffer

So wird es gemacht:

☺ Nelkenpulver, Chilipulver und Zimt miteinander vermischen ➟ Hähnchenteile mit der Gewürzmischung einreiben und ca. 3 Stunden ziehen lassen.

☺ Öl und Zucker in einen Topf geben und langsam erhitzen, dabei umrühren, damit der Zucker sich auflösen kann ➟ Hähnchenteile in dem Öl braten ➟ aus dem Topf nehmen und beiseite stellen ➟ die Kartoffeln im selben Topf braten.

Eventuell Öl dazugeben ➟ Tomaten, Zwiebeln, Petersilie und Thymian dazugeben und bei schwacher Hitze 5 Minuten braten ➟ Kokosnussmilch dazugeben und umrühren ➟ Hähnchenteile und Essig dazugeben, mit Pfeffer abschmecken, Topf zudecken und ca. 20 Minuten köcheln lassen, bis das Fleisch gar ist. Eventuell Wasser dazugeben.

****

Fischgerichte

„Man kann fast alle Fischsorten, die im Fischhandel erhältlich sind, zum Kochen verwenden“

Salzfisch

Zutaten:

250 g Salzfisch (gesalzene Fisch), Haut abziehen, 3 Stunden in heißem Wasser stehen lassen, Wasser abgießen, in ein Sieb geben und mit kaltem Wasser abspülen, Fische halbieren und die Gräten entfernen
2 Tomaten, hacken
1 Zwiebel, schälen und hacken
Pfeffer, zum Abschmecken
Öl, zum Braten

So wird es gemacht:

☺ Öl in einer Pfanne erhitzen ➡ Zwiebeln dazugeben und glasig dünsten ➡ Tomaten untermengen und dünsten, bis ein Teil der Flüssigkeit verdampft ist ➡ Salzfische dazugeben und ca. 5 Minuten bei mittlerer Hitze kochen ➡ mit Pfeffer abschmecken und heiß mit Reis servieren.

****

Salzfischfrikadellen

Zutaten:

50 g Salzfisch (gesalzene Fisch), Haut abziehen, 3 Stunden in heißem Wasser stehen lassen, Wasser abgießen, in ein Sieb geben und mit kaltem Wasser abspülen, Fische halbieren und Gräten entfernen
1 Zwiebel, schälen und hacken
1 kg Mehl mit 6 Teelöffel Backpulver mischen
2 Esslöffel Tomatenmark
1 Teelöffel Thymian
Öl, zum Braten

So wird es gemacht:

☺ Alle Zutaten (außer Öl) in eine Schüssel geben und gut vermengen ➟ Wasser nach und nach dazugeben und verkneten, bis eine dicke Masse entsteht (fest wie Butter) ➟ reichlich Öl in einer Pfanne erhitzen ➟ Teigmasse löffelweise in das Öl geben und bei schwacher Hitze braten.

****

Fisch mit scharfer Soße

Zutaten:

1 kg Rotbrassen, waschen
2 Tomaten, hacken
1 Knoblauchzehe, schälen und mit etwas Salz zerdrücken
1 Zwiebel, schälen und in feine Scheiben schneiden
1 Chilischote, Stielansatz und Samen entfernen und hacken
Salz
Pfeffer
Piment (Menge nach Geschmack)
Öl

So wird es gemacht:

☺ Fisch oder Fische von innen und außen mit Salz und Pfeffer bestreuen ➟ ➟ Öl in einer Pfanne erhitzen und die Fische knusprig braten ➟ aus der Pfanne nehmen und warm halten.

☺ In derselben Pfanne Knoblauchpaste, Tomaten, Chili und Zwiebeln weich dünsten ➟ Salz, Pfeffer und Piment dazugeben und umrühren ➟ die Fische in die Soße geben und bei schwacher Hitze ca. 15 Minuten garen. Evtl. etwas Wasser dazugeben ➟ heiß oder kalt mit Brot und Salat servieren.

****

Gebackene Fischfilets

Zutaten:

500 g Fischfilets, in Streifen schneiden, waschen und abtropfen lassen
1/2 Tasse Paniermehl
3 Esslöffel geriebener Parmesankäse
1 Ei, aufschlagen, in eine Schale geben, 2 Teelöffel Wasser dazugeben, verrühren und auf einen Teller geben
je 1/2 Teelöffel Majoran, Basilikum, Oregano und Thymian
Salz und Pfeffer

Zutaten für die Soße:

1 Esslöffel gehackte Petersilie
1 Lauchzwiebel, fein hacken
2 Esslöffel Zitronensaft
etwas Chilisoße
1/2 Tasse Butter oder Margarine, zerlassen
Salz
Pfeffer

So wird es gemacht:

☺ Backofen auf 175°C vorheizen.

☺ Alle Zutaten für die Soße in einen Topf geben und ca. 5 Minuten köcheln lassen ➟ Topf vom Herd nehmen und beiseite stellen.

☺ Paniermehl, Parmesankäse, Gewürze, Salz und Pfeffer miteinander vermischen und auf einen Teller geben.

☺ Fischstreifen zuerst in Ei, dann in Paniermischung wälzen und in eine Backform geben ➟ Buttersoße darüber gießen ➟ Fischstreifen ein paar mal in der Soße wälzen und im Backofen ca. 20 Minuten backen, bis die Filets gar sind.

****

Fischfilets mit Kräutern

Zutaten:

1 kg Fischfilets, waschen und abtropfen lassen
1 Zwiebel, schälen und hacken
1 Zitrone, eine Hälfte pressen und die andere Hälfte in dünne Scheiben schneiden (Kerne entfernen)
250 g Tomaten, Haut anritzen, mit kochendem Wasser überbrühen, Haut abziehen und hacken
1 Esslöffel Tomatenmark
ca. 300 ml kochendes Wasser
2 Esslöffel Kokosnusspaste (siehe Seite 11)
2 Knoblauchzehen, schälen und hacken
1 lange milde Peperoni, Stielansatz und Samen entfernen und hacken
1 Teelöffel Zucker
1 Esslöffel frischer Thymian
1 Esslöffel frischer Koriander oder 2 Teelöffel getrockneter Koriander
je 1/2 Teelöffel Oregano, Estragon und Rosmarin
Salz
Pfeffer
1 Esslöffel Butter

So wird es gemacht:

☺ Fischfilets salzen und mit dem Saft einer halben Zitrone beträufeln.

☺ Butter in einer tiefen Pfanne zerlassen ➠ Zwiebeln, Peperoni und Kräuter dazugeben, gut vermengen und ca. 5 Minuten dünsten.

☺ Kokosnusspaste in kochendem Wasser auflösen und in eine große Pfanne geben ➠ Zitronenscheiben, Tomaten, Tomatenmark, Zucker, Salz und Pfeffer dazugeben, umrühren und ca. 5 Minuten köcheln lassen ➠ Fischfilets in das Wasser geben ➠ Buttersoße darüber geben und ca. 15 Minuten köcheln lassen, bis die Fischstücke gar sind. Während des Kochens nicht umrühren.

****

Fischfilets mit Kürbis

Zutaten:

500 g Fischfilets, in Stücke schneiden, waschen und abtropfen lassen
100 g geschälter und zerkleinerter Kürbis
4 Tomaten, Haut abziehen und hacken
1 Zwiebel, schälen und hacken
2 Knoblauchzehen, schälen und mit etwas Salz zerdrücken
1 Bund Petersilie, Blätter waschen und hacken
350 bis 400 ml Brühe
2 Esslöffel Zitronensaft
2 Esslöffel Milch
Mehl
Salz
Pfeffer
Öl, zum Braten

So wird es gemacht:

☺ Knoblauchpaste, Zitronensaft, Salz und Pfeffer in eine Schale geben und verrühren ➡ Fischstücke in der Marinade wälzen und ca. 3 Stunden ziehen lassen.

☺ Öl in einem Topf erhitzen ➡ Fischstücke in Mehl wälzen und braten ➡ aus dem Öl nehmen und warm halten ➡ das überschüssige Öl aus dem Topf entfernen ➡ Zwiebeln und Tomaten dazugeben und kurz dünsten ➡ Kürbis, Petersilie, Milch und Brühe dazugeben ➡ salzen und pfeffern ➡ umrühren und gar kochen ➡ Fischstücke in die Masse geben und ca. 5 Minuten köcheln lassen.

****

Grillfischfilets

Zutaten:

1 kg Fischfilets, in ca. 4 cm große Würfel schneiden, waschen und abtropfen lassen
2 Knoblauchzehen, schäle und mit etwas Salz zerdrücken
1 Esslöffel Zitronensaft
1 Teelöffel Ingwerpulver
Pfeffer
4 Esslöffel Erdnussöl

So wird es gemacht:

☺ Alle Zutaten in eine Schüssel geben und gut vermengen ➟ ca. 3 Stunden ziehen lassen.
☺ Grill mit Holzkohle vorheizen ➟ die eingelegten Fischstücke kurz abtropfen lassen ➟ aufspießen oder auf den Grillrost legen und grillen ➟ heiß mit Brot oder Reis und Salat servieren

****

Fischfilets New Orleans

Zutaten:

1 kg Fischfilets, zerkleinern (Größe nach Belieben), waschen und abtropfen lassen
1 Zwiebel, schälen und hacken
4 Esslöffel gehackte Petersilie
1/2 Zitrone, in dünne Scheiben schneiden
1 Knoblauchzehe, schälen und mit etwas Salz zerdrücken
2 Tassen gekochter Reis (siehe Seite 41)
Salz, Pfeffer, Kurkuma und Currypulver
4 Esslöffel Butter

So wird es gemacht:

☺ Backofen auf 175°C vorheizen.

☺ Fischstücke in eine Auflaufform geben ➟ Reis, Zwiebeln, Knoblauchpaste, Salz und Gewürze darüber geben ➟ Zitronenscheiben darüber verteilen ➟ Butterflöckchen darauf geben ➟ Auflaufform zudecken und 20 bis 25 Minuten im Backofen backen ➟ mit Petersilie garnieren und servieren.

****

Variante 2

Zutaten:

1 kg Fischfilets, halbieren, waschen und abtropfen lassen
100 g Butterfett (Butterschmalz)
Saft einer halben Zitrone
2 Schalotten, schälen und hacken
2 Lauchzwiebeln, hacken
2 Esslöffel frischer Schnittlauch
je 1 Teelöffel Estragon und Oregano
100 g ungesalzene Butter
Salz
Pfeffer
Chilipulver (Menge nach Geschmack)
Mehl

So wird es gemacht:

☺ Butterfett in einer Pfanne zerlassen ➟ Fischstücke mit Salz, Pfeffer und Chilipulver bestreuen, in Mehl wälzen und braun braten ➟ aus der Pfanne nehmen und warm halten ➟ Schalotten, Lauchzwiebeln und Kräuter in die Pfanne geben und dünsten ➟ das Bratfett aus der Pfanne abgießen ➟ Fischstücke in die Pfanne geben und einige Minuten braten (ein paar mal wenden) ➟ Herdplatte ausschalten ➟ ungesalzene Butter löffelweise über die Fischstücke geben, bis die Butter geschmolzen ist (nicht vermengen), dann auf einen Servierteller geben, Soße darüber geben, mit Schnittlauch garnieren und servieren.

****

Fischfilets mit Spinat

Zutaten:

500 g frischer Blattspinat, waschen und abtropfen lassen oder 250 g gefrorener Blattspinat
1 kg Fischfilets, waschen und abtropfen lassen
2 Knoblauchzehen, schälen und hacken
500 g Tomaten, Haut anritzen, mit kochendem Wasser überbrühen, Haut abziehen und hacken (evtl. Samen entfernen)
200 g saure Sahne
Salz, Pfeffer und Piment
evtl. geriebener Parmesankäse
Öl, zum Braten
Mehl

So wird es gemacht:

☺ Fischstücke mit Salz, Pfeffer und Piment bestreuen ➟ im Mehl wälzen und knusprig braten ➟ aus der Pfanne nehmen und beiseite stellen ➟ das überschüssige Öl aus der Pfanne entfernen ➟ Knoblauchpaste ca. 1 Minute dünsten ➟ Tomaten dazugeben, umrühren und ca. 3 Minuten dünsten ➟ Spinat untermengen und gar kochen, dann in eine Auflaufform geben ➟ Fischstücke darüber verteilen ➟ saure Sahne und 1 Esslöffel Parmesankäse verrühren und darüber geben. Eventuell Parmesankäse darüber streuen ➟ im Backofengrill überbacken und heiß servieren.

****

Fischfilets mit Tomaten

Zutaten:

500 g Fischfilets, vierteln, waschen und abtropfen lassen
250 g Tomaten, Haut anritzen, mit kochendem Wasser überbrühen, Haut abziehen und hacken
125 g Tomatenmark, in 1 Tasse Wasser auflösen
2 Zwiebeln, schälen und hacken
3 bis 4 lange milde Peperoni, Stielansätze entfernen, der Länge nach halbieren, Samen entfernen und hacken
100 g Champignons, in Streifen schneiden
1/2 Teelöffel Garam Masala
je 1/2 Teelöffel Oregano und Estragon
Salz, Pfeffer, Chilipulver und Piment
Öl oder Butter

So wird es gemacht:

☺ Öl in einem großen Topf erhitzen ➟ Zwiebeln und Peperoni dazugeben und ca. 5 Minuten dünsten ➟ Fischstücke dazugeben und 5 Minuten garen ➟ Tomaten und Champignons untermengen ➟ Tomatenmark dazugeben und gut vermengen ➟ Topfinhalt zum Kochen bringen, Topf zudecken und bei schwacher Hitze ca. 10 Minuten köcheln lassen ➟ Topfdeckel entfernen und 5 Minuten köcheln lassen, bis das Gemüse gar und eine dicke Soße entstanden ist ➟ heiß mit Reis servieren.

****

Karibischer Schellfisch

Zutaten:

1 kg Schellfischfilets (oder eine andere Sorte), Haut entfernen, in 8 bis 9 cm große Würfel schneiden, waschen und abtropfen lassen
Mehl
Saft einer halben Zitrone
je 1/8 Teelöffel Knoblauchsalz, Paprikapulver,

getrockneter Thymian, Zucker und Currypulver
Öl, zum Braten

Zutaten für die Soße:

1 Zwiebel, schälen und hacken
1 Knoblauchzehe, schälen und mit etwas Salz zerdrücken
1/2 Chilischote, hacken
5 Tomaten, Haut anritzen, mit kochendem Wasser überbrühen, Haut abziehen und hacken
2 Esslöffel gehackte Petersilie
1 Bund Thymian
1 Teelöffel Zucker
500 ml Brühe
Salz
1 Esslöffel Butter

So wird es gemacht:

☺ Gewürze für die Filets miteinander vermischen.

☺ Fischstücke in eine Schale geben ➟ Zitronensaft und Gewürzmischung darüber geben und gut vermengen ➟ 1 Stunde ziehen lassen.

☺ Mehl mit Salz und Pfeffer mischen und auf einem Teller verteilen ➟ Öl in einer Pfanne erhitzen ➟ Fischstücke aus der Marinade nehmen, kurz abtropfen lassen, in dem Mehl wälzen und einige Minuten braten. Sie müssen nicht gar gebraten werden ➟ aus dem Öl nehmen und auf Küchenkrepp legen oder in ein Sieb geben, damit das Bratöl abtropfen kann.

☺ Butter in einer großen Pfanne zerlassen ➟ Zwiebeln und Knoblauchpaste dazugeben und dünsten ➟ alle anderen Zutaten für die Soße dazugeben und gut vermengen ➟ bei schwacher Hitze ca. 15 Minuten köcheln lassen ➟ die gebratenen Fischstücke in die Soße geben ➟ Pfanne zudecken und 10 Minuten köcheln lassen, bis die Filets gar sind. Evtl. Wasser darüber geben.

****

Rotbrassen mit Sojasoße

Zutaten:

4 kleine Rotbrassen, waschen und abtropfen lassen
1 Teelöffel schwarzer Pfeffer, aus der Mühle
je 1/8 Teelöffel Paprikapulver, Zucker, Knoblauchsalz, Ingwerpulver und getrockneter Thymian
Öl, zum Braten

Zutaten für die Soße:

4 Esslöffel Sojasoße (Sorte nach Belieben)
2 Esslöffel Worcestersoße
2 Esslöffel Malzessig
1 Zwiebel, schälen und hacken
1 lange milde Peperoni, Stielansatz und Samen entfernen und hacken
1 Esslöffel brauner Zucker
400 bis 500 ml Wasser
1/8 Teelöffel Zimt und Nelkenpulver
Pfeffer
etwas Öl

So wird es gemacht:

☺ Fische mit Gewürzen von innen und außen einreiben und über Nacht stehen lassen ➡ Öl in einer Pfanne erhitzen und die Fische darin braten ➡ aus der Pfanne nehmen und beiseite stellen.

☺ Etwas Öl in einer großen Pfanne erhitzen ➡ Zwiebeln und Peperoni dazugeben und weich dünsten ➡ alle anderen Zutaten (außer Wasser) miteinander vermengen und dazugeben ➡ Wasser darüber geben und umrühren ➡ einige Minuten kochen lassen ➡ Fische dazugeben und bei schwacher Hitze köcheln lassen, bis ein Teil der Flüssigkeit verdampft ist ➡ heiß mit Reis servieren.

****

Grillfisch

Zutaten:

1 kg Fische mit festem Fleisch (am besten Tunfisch)
2 Knoblauchzehen, schälen und mit etwas Salz zerdrücken
2 Esslöffel Erdnussöl
4 Esslöffel Zitronensaft
4 Esslöffel Sojasoße (süß)
2 Esslöffel gehackte Petersilie
1 Bund Schnittlauch
Salz und Pfeffer

So wird es gemacht:

☺ Falls möglich die Fische enthäuten und in Stücke schneiden (ca. 4 cm breit) ➡ in eine Schüssel geben ➡ alle anderen Zutaten darüber geben und gut vermengen ➡ über Nacht stehen lassen ➡ Grill vorheizen ➡ die eingelegten Fischstücke auf ein Grillgitter legen und grillen ➡ heiß mit Reis und Salat servieren.

****

Gebackener Fisch in Tomatensoße

Zutaten:

1 große Meerbarbe, waschen und abtropfen lassen
Zitronensaft
1 Teelöffel gemischte Gewürze:
    Knoblauchsalz, Paprikapulver, Ingwerpulver und Piment
Salz und Pfeffer

Zutaten für die Soße:

500 g Tomaten, Haut anritzen, mit kochendem Wasser überbrühen, Haut abziehen und hacken
1 Zwiebel, schälen und hacken
2 Knoblauchzehen, schälen und hacken
1 Teelöffel getrockneter Thymian
4 Esslöffel Erdnussöl
Salz und Pfeffer

So wird es gemacht:

☺ Backofen auf 180°C vorheizen.
☺ Fisch mit Zitronensaft, Gewürzmischung, Salz und Pfeffer einreiben und in eine Auflaufform geben.
☺ Öl in einem Topf erhitzen ➟ Zwiebeln dazugeben und glasig dünsten ➟ Knoblauch dazugeben und kurz dünsten ➟ Tomaten, Thymian, Salz und Pfeffer untermengen und ca. 10 Minuten köcheln lassen. Evtl. etwas Wasser darüber geben ➟ Soße über den Fisch geben und ca. 20 bis 25 Minuten im Backofen garen.

****

Gebackener Kabeljau

Zutaten:

500 g Kabeljau, in ca. 4 cm lange Stücke schneiden, waschen und abtropfen lassen
250 g Tomaten, hacken
100 bis 150 g Champignons, in Scheiben oder Streifen schneiden
2 Zwiebeln, schälen und hacken
2 bis 3 lange milde Peperoni, Stielansätze abschneiden, der Länge nach halbieren, Samen entfernen und hacken
je 1/2 Teelöffel Oregano und Basilikum
Salz
Pfeffer
Öl

So wird es gemacht:

☺ Backofen auf 180°C vorheizen.
☺ Fischstücke in eine Auflaufform geben.
☺ 2 bis 3 Esslöffel Öl in einer Pfanne erhitzen ➟ Zwiebeln und Peperoni dazugeben und weich dünsten ➟ Tomaten und Gewürze untermengen ➟ mit Salz und Pfeffer abschmecken, dann bei schwacher Hitze ca. 10 Minuten köcheln lassen ➟ Soße über die Fischstücke geben, im Backofen ca. 15 bis 20 Minuten garen.

****

Forellen in Buttersoße

Zutaten:

1 kg Forellen, waschen und abtropfen lassen
2 Esslöffel gehackte Petersilie
Salz
Pfeffer
Öl

Zutaten für die Soße:

1 Tasse zerlassene Butter
2 Eigelb
250 bis 300 g gekochte und geschälte Krabben, zerkleinern
1/4 Tasse Wasser
1 Esslöffel Mehl
Saft einer halben Zitrone
100 g gekochte Champignons, in Streifen oder Scheiben schneiden
Paprikapulver

So wird es gemacht:

☺ Backofen auf 180°C vorheizen.
☺ Fische mit Öl einreiben ➞ salzen und pfeffern ➞ in eine gefettete Auflaufform geben und 20 bis 30 Minuten im Backofen backen, bis die Fische gar sind. Zwischendurch die Soße anfertigen.
☺ Einen Topf mit etwas Wasser füllen und erhitzen (nicht kochen) ➞ einen kleineren Topf in das Wasser tauchen ➞ Eigelb in den kleineren Topf geben und mit einem Schneebesen verrühren ➞ Butter langsam dazugeben und verrühren ➞ Mehl, Wasser, Zitronensaft, Champignons, Paprikapulver und Krabben dazugeben, gut vermengen und erhitzen.
☺ Auflaufform aus dem Backofen nehmen ➞ Soße darüber geben, mit Petersilie garnieren und servieren.

****

Fisch mit Malzessig

Zutaten:

2 mittelgroße Rotbarsche oder Rotbrassen, waschen und abtropfen lassen
Saft einer halben Zitrone
je 1/8 Teelöffel:
Knoblauchsalz, Currypulver, Ingwerpulver, Paprikapulver, Thymian und Zucker
Salz
Pfeffer
Öl, zum Braten

Zutaten für die Soße:

125 ml Malzessig
100 ml Wasser
25 ml Öl
2 Esslöffel brauner Zucker
1 Zwiebel, schälen und in Scheiben schneiden
1/4 Chilischote, fein hacken
je 1/8 Teelöffel Zimt und Nelkenpulver
Pfeffer, zum Abschmecken

So wird es gemacht:

☺ Fische mit Zitronensaft, Gewürzen, Salz und Pfeffer von innen und außen einreiben und über Nacht stehen lassen ➡ Öl in einer Pfanne erhitzen ➡ Fische dazugeben, goldbraun braten, in eine Auflaufform geben und warm halten.
☺ Alle Zutaten für die Soße in einen Topf geben und zum Kochen bringen, bis die Hälfte der Flüssigkeit verdampft ist ➡ Soße über die Fische geben ➡ heiß oder kalt servieren.

****

Langusten-Curry

Zutaten:

3 geschälte Langusten oder Krebse
Zitronensaft
500 ml Kokosnussmilch (siehe Seite 11)
1 Zwiebel, schälen und hacken

1 Knoblauchzehe, schälen und hacken
1 cm Ingwerwurzel, schälen und hacken
2 Esslöffel Currypulver
je 1/2 Teelöffel Nelkenpulver und Kurkuma
1 Teelöffel getrockneter Koriander
1/8 Teelöffel Chilipulver
Salz und Pfeffer
Öl oder Butter

So wird es gemacht:

☺ Langusten mit Zitronensaft beträufeln.

☺ Knoblauch, Ingwerwurzel, Gewürze, Salz und Pfeffer in einen Mörser geben und zu einer Paste zerdrücken ➞ etwas Wasser dazugeben und gut vermengen.

☺ Öl oder Butter in einem Topf erhitzen ➞ Zwiebeln dazugeben und glasig dünsten ➞ Gewürzpaste untermengen und kurz dünsten ➞ Kokosnussmilch dazugeben, umrühren und zum Kochen bringen, dann bei schwacher Hitze köcheln lassen ➞ Langusten in die Soße geben und 20 bis 25 Minuten garen. Eventuell etwas Wasser dazugeben.

****

Garnelen mit Spinat

Zutaten:

350 bis 400 g geschälte Garnelen
500 g Blattspinat, waschen und abtropfen lassen
1 Tasse Wasser
1 Zwiebel, schälen und hacken
3 cm Ingwerwurzel, schälen und hacken
1 Knoblauchzehe, schälen und zerkleinern
1 Esslöffel Zitronensaft
1 Teelöffel Kümmelpulver
1 Esslöffel Kokosnusspaste (siehe Seite 11)
50 g Butter
Chilipulver, zum Abschmecken

So wird es gemacht:

☺ Knoblauch, Ingwerwurzel und Kümmelpulver in einen Mörser geben und zerdrücken ➡ Zitronensaft darüber geben und verrühren.

☺ Garnelen in eine Schüssel geben ➡ Gewürzpaste dazugeben und gut vermengen ➡ ca. 2 Stunden ziehen lassen.

☺ 2 Esslöffel Butter in einem Topf zerlassen ➡ die eingelegten Garnelen mit Marinade dazugeben und einige Minuten braten ➡ Garnelen aus dem Topf nehmen und beiseite stellen ➡ die restliche Butter in den Topf geben ➡ Zwiebeln und Spinat dazugeben und gut vermengen ➡ bei mittlerer Hitze garen, bis alles im Topf weich ist ➡ Wasser, Kokosnusspaste und Garnelen dazugeben und mit Chilipulver abschmecken ➡ 8 bis 9 Minuten köcheln lassen, umrühren und heiß mit Kokosnussreis und Salat servieren.

****

Variante 2

Zutaten:

500 g Blattspinat, waschen und abtropfen lassen
500 g geschälte Garnelen
200 g Tomaten, Haut anritzen, mit kochendem Wasser überbrühen, Haut abziehen und hacken
600 ml Wasser
1 Zwiebel, schälen und hacken
1 Teelöffel getrockneter Thymian
Salz
Pfeffer
Chilipulver (Menge nach Geschmack)
2 Esslöffel Öl
2 Esslöffel Erdnussbutter oder fein zerdrückte Erdnüsse

So wird es gemacht:

☺ Öl in einem Topf erhitzen ➡ Zwiebeln und Tomaten dazugeben und ca. 5 Minuten dünsten ➡ Herdplatte auf kleine Flamme stellen ➡ Erdnussbutter dazugeben und mit einem Schneebesen gut vermengen ➡ die Hälfte des Wassers darüber geben, gut verrühren und 7 bis 8 Minuten köcheln lassen. Zwischendurch umrühren ➡ Salz, Pfeffer und Thymian dazugeben und umrühren ➡ mit Chilipulver abschmecken ➡ Spinat untermengen ➡ ca. 20 Minuten köcheln lassen, bis eine dickere Soße entstanden ist ➡ Garnelen dazugeben und ca. 10 Minuten garen. Falls die Flüssigkeit verdampft ist, etwas Wasser darüber geben ➡ heiß mit Reis oder Yam servieren.

****

Karibische Garnelen

Zutaten:

500 g geschälte Garnelen
150 g Champignons, zerkleinern
1 kleine Zwiebel, schälen und hacken
5 Tomaten, Haut anritzen, mit kochendem Wasser überbrühen, Haut abziehen und hacken
1 kleine Knoblauchzehe, schälen und mit Salz zerdrücken
1 Esslöffel Mehl
150 ml Sahne
3 bis 4 Esslöffel Butter
Salz
Pfeffer
Chilipulver (Menge nach Blieben)

So wird es gemacht:

☺ 1 Esslöffel Butter in einem Topf zerlassen ➡ Champignons dazugeben, weich dünsten, aus dem Topf nehmen und beiseite stellen ➡ 1 Esslöffel in den Topf geben und zerlassen ➡ Zwiebeln dazugeben und glasig dünsten ➡ Knoblauch dazugeben und kurz dünsten ➡ Tomaten untermengen und gut vermengen ➡ mit Salz, Pfeffer und Chilipulver abschmecken, umrühren und köcheln lassen, bis eine dicke Soße entstanden ist ➡ Champignons untermengen und einige Minuten köcheln lassen. Zwischendurch Garnelen in Butter braten und in die Soße geben ➡ gut vermengen und heiß mit Reis servieren.

****

Garnelen-Kartoffeln-Curry

Zutaten:

500 g geschälte Garnelen
250 g Kartoffeln, schälen, in kleine Stücke schneiden, waschen und abtropfen lassen
1 kleine unreife Mango, schälen und zerkleinern
5 Tomaten, Haut anritzen, mit kochendem Wasser überbrühen, Haut abziehen und hacken
400 ml Wasser
1 Zwiebel, schälen und hacken
2 Knoblauchzehen, schälen und hacken
3 cm Ingwerwurzel, schälen und hacken
je 1 Teelöffel:
Kurkuma, getrockneter Koriander, Garam Masala und Kümmelpulver
1/2 Teelöffel Chilipulver
1 Esslöffel brauner Zucker
2 Esslöffel Butter
Salz und Pfeffer

So wird es gemacht:

☺ Knoblauch, Ingwerwurzel, Gewürze, Salz und Pfeffer in einem Mörser zerdrücken ➡ etwas Wasser dazugeben und gut vermengen.

☺ Butter in einem Topf zerlassen ➡ Zwiebeln dazugeben und glasig dünsten ➡ Gewürzpaste untermengen und ca. 2 Minuten dünsten, dabei ununterbrochen umrühren ➡ Tomaten untermengen und gut vermengen ➡ Wasser vorsichtig darüber geben und umrühren, dann die Kartoffeln dazugeben und ca. 15 Minuten bei schwacher Hitze garen ➡ Zucker, Mango und Garnelen dazugeben und umrühren ➡ 15 Minuten köcheln lassen, bis die Mango gar ist.

****

Garnelen mit Okra

Zutaten:

250 g kleine frische Okra, Stielansätze kegelförmig abschneiden, waschen und abtropfen lassen
400 g geschälte Garnelen
1 Esslöffel Zitronensaft
2 Knoblauchzehen, schälen und mit etwas Salz zerdrücken
1 Zwiebel, schälen und hacken
3 Tomaten, Haut abziehen und hacken
1 Teelöffel getrockneter Koriander
1 Teelöffel Kümmelpulver
2 Esslöffel Öl
2 Esslöffel Butter
Salz, Pfeffer und Chilipulver

So wird es gemacht:

☺ Garnelen mit Zitronensaft und Knoblauchpaste gut vermengen und 1 Stunde ziehen lassen.

☺ Butter in einem Topf zerlassen ➡ Garnelen dazugeben und braten ➡ aus dem Topf nehmen und warm halten ➡ das Öl zu der Butter geben und erhitzen ➡ Zwiebeln dazugeben und glasig dünsten ➡ Okra, Tomaten, Gewürze, Salz und Pfeffer untermengen und bei schwacher Hitze ca. 10 Minuten köcheln lassen. Evtl. etwas Wasser darüber geben ➡ Garnelen untermengen und 5 Minuten köcheln lassen ➡ heiß mit Reis oder Kokosnussreis servieren.

****

Auberginen mit Krabben

Zutaten:

500 g Auberginen, schälen und würfeln
50 g Krabbenfleisch
50 g getrocknete Krabben, mit Wasser bedecken und einweichen
1 Bund Lauchzwiebeln, hacken
1 Zwiebel, schälen und hacken
2 Knoblauchzehen und 3 cm Ingwerwurzel, schälen, hacken, mit etwas Salz in einen Mörser geben und zerdrücken
2 Tomaten, Haut anritzen, mit kochendem Wasser überbrühen, Haut abziehen und hacken
1 Esslöffel Tomatenmark
1 Esslöffel Zitronensaft
1 Teelöffel Paprikapulver
1/8 Teelöffel Zimt
Salz
3 Esslöffel Erdnussbutter oder Erdnussöl
1 Esslöffel Butter

So wird es gemacht:

☺ Öl in einem Topf erhitzen ➡ Zwiebeln dazugeben und glasig dünsten ➡ Knoblauchpaste untermengen und kurz dünsten ➡ Auberginen dazugeben und braun braten ➡ frisches Krabbenfleisch, die eingeweichten Krabben mit Flüssigkeit, Zitronensaft, Tomaten, Tomatenmark, Paprikapulver, Zimt und Salz dazugeben und gut vermengen ➡ köcheln lassen, bis die Soße dick ist und die Auberginen gar sind ➡ mit Lauchzwiebeln garnieren und servieren.

****

Fleischgerichte

Schmorbraten

Zutaten:

1 kg Rindfleisch, waschen und abtropfen lassen
400 bis 500 g Tomaten, Haut anritzen, mit kochendem Wasser überbrühen, Haut abziehen und hacken
1 Esslöffel Tomatenmark
2 Tomaten, in Scheiben schneiden
1 große Zwiebel, schälen und in Scheiben schneiden
2 Knoblauchzehen, schälen und hacken
Salz
Pfeffer
getrockneter Thymian
Chilipulver
1 Tasse Erdnussöl

So wird es gemacht:

☺ Fleisch in einen Topf geben und mit Wasser bedecken ➟ einige Zwiebelscheiben, Knoblauch, Salz, Pfeffer, Thymian und Chilipulver dazugeben und gar kochen ➟ Fleisch aus dem Topf nehmen, in ein Sieb geben und abtropfen lassen.
☺ Öl in einer Pfanne erhitzen ➟ Fleisch dazugeben und knusprig braten ➟ aus der Pfanne nehmen und beiseite stellen.
☺ Öl in einem Topf erhitzen ➟ Zwiebelscheiben dazugeben und glasig dünsten ➟ Tomatenscheiben untermengen und weich dünsten ➟ alle anderen Zutaten (außer Fleisch) dazugeben und gut vermengen ➟ abschmecken und bei schwacher Hitze ca. 20 Minuten köcheln lassen. Evtl. etwas Wasser dazugeben ➟ Fleisch in den Topf geben und 10 bis 15 Minuten köcheln lassen ➟ heiß mit Reis servieren.

Fleisch mit Ananas

Zutaten:

1 kg Rindfleisch, in Würfel schneiden, waschen und abtropfen lassen
1 kleine Ananas, schälen und zerkleinern
1/2 Zwiebel, in Scheiben schneiden
1 Tasse Wasser
1 Teelöffel Garam Masala
1 Teelöffel Chilipulver
Öl

So wird es gemacht:

☺ Fleischstücke in einen Topf geben und mit Wasser bedecken ➟ Zwiebelscheiben dazugeben, abschmecken und gar kochen ➟ Fleischstücke aus der Brühe nehmen und abtropfen lassen.

☺ Öl in einer Pfanne erhitzen ➟ Fleischstücke dazugeben, mit Garam Masala und Chilipulver bestreuen und knusprig braten ➟ Ananasstücke untermengen und kurz erhitzen ➟ heiß servieren.

****

Erdnuss-Schmorbraten

Zutaten:

1 kg Rindfleisch, in kleine Würfel schneiden, waschen und abtropfen lassen
100 g geröstete Erdnüsse, feine Schalen entfernen, in einen Mörser geben und zerdrücken
1 Esslöffel Tomatenmark
1 Zwiebel, schälen und fein hacken
1 Esslöffel Erdnussöl
1/2 Teelöffel Garam Masala
1 Teelöffel Chilipulver
Salz

So wird es gemacht:

☺ Fleischstücke in einen Topf geben und mit Wasser bedecken ➟ Garam Masala, etwas Zwiebeln und Salz dazugeben, umrühren und 20 bis 25 Minuten kochen lassen ➟ die restlichen Zutaten (außer Erdnusspaste) dazugeben ➟ Wasser nachgießen, bis alles im Topf bedeckt ist und ca. 15 Minuten köcheln lassen ➟ Erdnusspaste untermengen und 10 Minuten köcheln lassen ➟ heiß mit Reis servieren.

****

Okra mit Fleisch

Zutaten:

300 bis 350 g Rindfleisch, in kleine Würfel schneiden, waschen und abtropfen lassen
100 bis 150 g getrocknete Okraschoten, Stielansätze entfernen, in einen Mörser geben und zerstampfen
1 Zwiebel, schälen und hacken
1/4 Knoblauchzehe, mit etwas Salz zerdrücken
3 bis 4 Tomaten, hacken
1 Esslöffel Tomatenmark
1 Teelöffel Chilipulver
1/4 Teelöffel getrockneter Thymian
Salz und Pfeffer
4 Esslöffel Butter
Öl

So wird es gemacht:

☺ Fleischstücke, Salz, Pfeffer und Thymian in einen Topf geben, mit Wasser bedecken und gar kochen ➟ Fleischstücke aus der Brühe nehmen, in ein Sieb geben und abtropfen lassen.

☺ Öl in einer Pfanne erhitzen ➟ Fleischstücke dazugeben und knusprig braten ➟ Zwiebeln und Tomaten dazugeben und ca. 5 Minuten braten ➟ 1 Tasse Brühe oder Wasser darübergeben ➟ Tomatenmark, Chilipulver und Butter dazugeben und gut verrühren ➟ Pfanne zudecken und köcheln lassen, bis die Fleischstücke weich sind. Evtl. etwas Wasser darüber geben ➟ Okraschoten untermengen und ca.

8 bis 10 Minuten köcheln lassen, abschmecken und heiß mit Reis servieren.

****

Spießfleisch mit Erdnuss

Zutaten:

500 g Kalbfleisch, in 4 bis 5 cm große Stücke schneiden, waschen und abtropfen lassen
50 g geröstete Erdnüsse, feine Schalen entfernen, in einen Mörser geben und zerdrücken
1 Esslöffel Erdnussöl
1 Teelöffel Chilipulver
Garam Masala oder Fünfgewürze (Menge nach Geschmack)
Salz

So wird es gemacht:

☺ Fleischstücke in eine Schale geben ➟ die restlichen Zutaten (außer Öl) dazugeben und gut vermengen ➟ ca. 2 Stunden ziehen lassen. Zwischendurch umrühren.
☺ Grill mit Holzkohle vorheizen ➟ das eingelegte Fleisch aufspießen und mit Öl bestreichen. Jetzt kann mit dem Grillen begonnen werden ➟ man kann Brot oder Reis und Salat dazu servieren.

****

Fleisch-Curry

Zutaten:

500 g Hammelfleisch, in große Stücke schneiden, waschen und abtropfen lassen
2 Zwiebeln, schälen und hacken
1 Knoblauchzehe, schälen und hacken
3 cm Ingwerwurzel, schälen und hacken
1 Sellerie, hacken
1 Esslöffel Tomatenmark
je 1/4 Teelöffel getrockneter Koriander, Nelkenpulver und Chilipulver
Salz, Pfeffer und Zucker
Öl oder Butter

So wird es gemacht:

☺ Knoblauch und Ingwerwurzel mit etwas Salz in einen Mörser geben und zerdrücken ➟ Gewürze und etwas Wasser dazugeben und gut verrühren ➟ Fleischstücke in eine Schale geben ➟ Zwiebeln, Sellerie und Gewürzpaste dazugeben und gut vermengen ➟ über Nacht ziehen lassen.
☺ Öl oder Butter in einem Topf erhitzen ➟ das eingelegte Fleisch mit Marinade und eine Prise Zucker dazugeben und braun braten ➟ Tomatenmark in ca. 1 Tasse Wasser auflösen und darüber geben, dann bei schwacher Hitze garen. Evtl. etwas Wasser darüber geben ➟ heiß mit Reis und Salat servieren.

****

Leber mit scharfer Soße

Zutaten:

500 g Rinderleber, in kleine Stücke schneiden, waschen und abtropfen lassen
4 Tomaten, Haut anritzen, mit kochendem Wasser überbrühen, Haut abziehen und hacken
1 Zwiebel, schälen und hacken
2 Esslöffel gehackte Petersilie
1 Teelöffel Chilipulver
1/8 Teelöffel getrockneter Koriander
Salz und Pfeffer
Öl oder Butter

So wird es gemacht:

☺ Leberstücke und 1 Tasse Wasser in einen Topf geben und zum Kochen bringen, dann bei schwacher Hitze ca. 20 Minuten köcheln lassen.
☺ Öl oder Butter in einem Topf erhitzen ➟ Zwiebeln dazugeben und glasig dünsten ➟ Tomaten untermengen und dünsten, bis viel Flüssigkeit verdampft ist ➟ die gekochte Leber mit Flüssigkeit dazugeben und gut vermengen ➟ Petersilie, Chilipulver und Koriander dazugeben und umrühren ➟ abschmecken und ca. 10 Minuten köcheln lassen. Evtl. etwas Wasser dazugeben ➟ heiß mit Reis oder

Brot servieren.

****

Geröstetes Fleisch

Zutaten:

500 g Rind- oder Kalbfleisch, in dünne Scheiben schneiden, waschen und abtropfen lassen
1 Zwiebel, schälen und hacken
2 Tomaten, Haut anritzen, mit kochendem Wasser überbrühen, Haut abziehen und hacken
1 Knoblauchzehe, schälen und hacken
1 Esslöffel gehackte Petersilie
1 lange milde Peperoni, Stielansatz abschneiden, der Länge nach halbieren, Samen entfernen und hacken
2 Esslöffel Mehl
1/2 Teelöffel Chilisoße
Salz
Öl

So wird es gemacht:

☺ Öl in einem Topf erhitzen ➟ Fleischstücke dazugeben und knusprig braten ➟ aus dem Öl nehmen und beiseite stellen ➟ Mehl zum heißen Öl geben und gut vermengen ➟ Zwiebeln und Tomaten dazugeben, gut vermengen und einige Minuten dünsten ➟ Wasser, Chilisoße, Knoblauch, Fleisch, Petersilie und Peperoni dazugeben und umrühren, dann bei schwacher Hitze köcheln lassen, bis die Fleischstücke sehr weich sind und eine dicke Soße entstanden ist. Evtl. Wasser dazugeben ➟ heiß mit Reis und Salat servieren.

****

Scharfe Bohnen (Chili con carne)

Zutaten:

1 Dose Kidneybohnen (500 g)
250 g Rinderhack
1 Tasse Wasser
2 Zwiebeln, schälen und hacken
2 bis 3 lange milde Peperoni, Stielansätze abschneiden, der Länge nach halbieren, Samen entfernen und hacken
1 Teelöffel Sojasoße (Sorte nach Belieben)
1/4 Teelöffel Chili- oder Pfeffersoße
1 Esslöffel Mehl
Salz
Öl

So wird es gemacht:

☺ Öl in einem Topf erhitzen ➟ Zwiebeln und Peperoni dazugeben und dünsten, bis sie Farbe annehmen ➟ Hackfleisch dazugeben und knusprig braten ➟ 1 Esslöffel Mehl dazugeben und gut vermengen ➟ Bohnen mit Saft und alle anderen Zutaten untermengen ➟ köcheln lassen, bis die Soße dick wird ➟ heiß mit Reis oder Brot servieren.

****

Teigspeisen

Kreolisches Brot

Zutaten:

500 g Maismehl, sieben
750 bis 800 ml Wasser
Salz

So wird es gemacht:

☺ Wasser in einen Topf geben und zum Kochen bringen ➟ Mehl nach und nach dazugeben und gut vermengen, bis die Masse dick wird und der Teig sich leicht vom Topfrand löst ➟ mit Salz abschmecken, dann bei schwacher Hitze 8 bis 9 Minuten köcheln lassen. Dabei ununterbrochen rühren. Evtl. etwas Wasser dazugeben, damit die Masse nicht austrocknet ➟ den fertig gekochten Teig zu Kugeln verarbeiten und zu Curry oder Fleischgerichten servieren oder Teig erkalten lassen, in Stücke schneiden, braten und zum Frühstück servieren.

❁❁❁❁❁❁❁❁❁❁

Maisbrot

Zutaten:

250 g Mehl, sieben
250 g feines Maismehl, sieben
4 Esslöffel Zucker
450 ml Milch
je 1/2 Teelöffel Salz und Zimt
1 Päckchen Backpulver
2 Eier, aufschlagen, in eine Schale geben und verrühren
50 g Butter, zerlassen

So wird es gemacht:

☺ Backofen auf 175°C vorheizen.
☺ Mehl, Backpulver, Zimt, Salz und Zucker in eine große Schüssel geben und gut vermengen.
☺ Milch in eine Schüssel geben ➟ Eier dazugeben und mit einem Schneebesen gut verrühren ➟ zum Mehl geben und verkneten ➟ zerlassene Butter dazugeben und kneten ➟ Teig in eine eingefettete und mit Mehl bestreute Backform geben, in den Backofen schieben und backen, bis das Brot braune Farbe annimmt. Um festzustellen, ob das Brot gar ist, verwenden Sie bitte einen Metallspieß. Den Spieß in das Brot stechen und herausziehen. Wenn der Spieß trocken ist, ist das Brot gar, ansonsten einige Minuten weiterbacken ➟ Maisbrot heiß zu Bohnengerichten servieren.

❁❁❁❁❁❁❁❁❁❁

Gebratener Brotteig

Zutaten:

500 g Mehl, sieben
2 Teelöffel Hefe
ca. 250 ml lauwarmes Wasser
4 Esslöffel zerlassene Butter
1 Teelöffel Zucker
1/2 Teelöffel Salz
Öl, zum Braten

So wird es gemacht:

☺ 3 Esslöffel Wasser in eine Schüssel geben ➟ Hefe dazugeben, gut verrühren und 5 Minuten stehen lassen ➟ das restliche Wasser, Salz, die zerlassene Butter und den Zucker dazugeben und umrühren ➟ Mehl nach und nach dazugeben und zu einem weichen Teig verkneten ➟ Teig mit einen nassen Tuch bedecken und ca. 30 Minuten stehen lassen ➟ Teig noch einmal kneten und daraus 10 bis 12 Kugeln formen, danach zu runden Fladen ausrollen und in heißem Öl braun braten ➟ Brot heiß zu Salzfisch- oder Gemüsegerichten servieren.

Bananenbrot

Zutaten:

5 reife Bananen, schälen und pürieren
500 g Mehl, sieben
1 Päckchen Backpulver
2 Eier, aufschlagen, in eine Schale geben und verrühren
100 g Zucker
100 g Butter
1/2 Teelöffel Salz
2 Teelöffel Natron

So wird es gemacht:

☺ Backofen auf 175°C vorheizen.

☺ Mehl mit Salz, Backpulver und Natron vermengen.

☺ Butter in eine Schüssel geben ➟ Zucker dazugeben und mit einem Schneebesen cremig schlagen ➟ ein Ei dazugeben und gut vermengen ➟ Bananenpüree untermengen ➟ Mehl dazugeben und gut verkneten ➟ Teigmasse in eine Backform geben ➟ in den Backofen schieben und ca. 50 Minuten backen. Zwischendurch prüfen, ob das Brot in der Mitte trocken ist ➟ aus dem Backofen nehmen und mindestens 10 Minuten abkühlen lassen, dann Backform umkippen und das Brot aus der Backform nehmen ➟ Brot in Scheiben schneiden und mit Butter servieren.

❁❁❁❁❁❁❁❁❁❁

Suppenklöße

Zutaten:

50 g Maismehl, sieben
100 g Mehl mit 2 Teelöffel Backpulver mischen
4 Esslöffel Milch
25 g Butter
1 Teelöffel Zucker
Salz

So wird es gemacht:

☺ Maismehl, Mehlmischung, Zucker und eine Prise Salz in eine Schüssel geben und gut vermengen ➟ Butter und Milch dazugeben und zu einem Teig verkneten. Falls der Teig sehr fest ist, mit etwas Milch lockern ➟ Teig zu kleinen Kugeln formen und in Suppen geben.

❍ Man kann die Klöße in verschiedene Suppen, die in diesem Buch beschrieben sind, geben.

❁❁❁❁❁❁❁❁❁❁

Gebratene Klöße

Zutaten:

400 g Mehl mit 4 bis 5 Teelöffel Backpulver mischen
250 ml Milch
1 Esslöffel Zucker
Mehl
Wasser
Öl, zum Braten

So wird es gemacht:

☺ Mehlmischung in eine Schüssel geben ➟ Zucker in Milch auflösen, zum Mehl geben und zu einem weichen Teig verkneten. Damit der Teig nicht zu fest wird, evtl. etwas Wasser dazugeben ➟ Teig 15 Minuten stehen lassen.

☺ Hände mit Mehl einreiben ➟ Teig zu kleinen Kugeln formen und in Mehl wälzen.

☺ ca. 200 ml Öl in einer Pfanne erhitzen ➟ Teigkugeln dazugeben und bei mittlerer Hitze goldbraun braten ➟ in ein Sieb geben und abtropfen lassen ➟ heiß zum Frühstück oder zu gebratenem Fisch servieren.

Fleischpastete

Zutaten:

1 Paket Blätterteig (250 g)
500 g Hackfleisch
1 Zwiebel, schälen und fein hacken
1 Teelöffel Currypulver
Salz
Pfeffer
Chilipulver
Öl, zum Braten

So wird es gemacht:

☺ Etwas Öl in einer Pfanne erhitzen ➟ Hackfleisch dazugeben und braun braten ➟ etwas Wasser und Currypulver dazugeben, gut vermengen und bei schwacher Hitze köcheln lassen, bis das Fleisch weich ist ➟ Fleisch mit einem Schaumlöffel aus der Pfanne nehmen, abtropfen lassen, in eine Schale geben und kaltstellen.

☺ Hackfleisch mit Zwiebeln, Salz, Pfeffer und Chilipulver vermengen.

☺ Die Teigblätter einzeln ausrollen und quer halbieren (Dreieckform) ➟ jedes Dreieck an einem Ende mit Füllung belegen, dann das andere Ende darüber legen, damit eine Dreieckform entsteht ➟ mit nassen Fingern die Ecken zusammendrücken, damit beim Braten keine Füllung aus den Taschen auslaufen kann.

☺ Öl in einer Pfanne erhitzen ➟ Teigtaschen dazugeben und goldbraun braten ➟ heiß mit Gemüse und Salat servieren.

Kokosnussbrot

Zutaten:

500 g Mehl mit 4 Teelöffel Backpulver mischen
1 kleine Kokosnuss, reiben
200 g Zucker
Milch

So wird es gemacht:

☺ Mehlmischung in eine Schüssel geben ➟ Kokosnussraspeln und Zucker dazugeben und gut vermengen ➟ Milch nach und nach dazugeben und zu einem Teig verkneten (wie Brotteig) ➟ den Teig formen (nach Belieben) und im vorgeheizten Backofen (180°C) goldbraun backen ➟ mit Käse oder Marmelade servieren.

❀❀❀❀❀❀❀❀❀❀

Süßspeisen

Kokosnussbällchen

Zutaten:

500 g Mehl, sieben
10 g trockene Hefe
50 g Zucker

Zutaten für die Füllung:

200 g brauner Zucker
1 Kokosnuss, harte Schale entfernen, Flüssigkeit aufbewahren und das Fruchtfleisch reiben
Vanilleessenz

So wird es gemacht:

☺ Etwas warmes Wasser in ein Glas geben ➟ Hefe und 1 Teelöffel Zucker dazugeben, umrühren und stehen lassen, bis die Hefe anfängt aufzugehen.

☺ Mehl und Zucker in eine Schüssel geben und gut vermengen ➟ in die Mitte eine Mulde drücken ➟ Hefe in die Mulde geben ➟ warmes Wasser nach und nach dazugeben und gut verkneten, bis ein elastischer Teig entstanden ist ➟ Teig mit einem nassen Tuch zudecken und ca. 30 Minuten stehen lassen.

☺ Kokosnussraspeln, Kokosnussflüssigkeit und braunen Zucker in einen Topf geben und gut vermengen, dann bei schwacher Hitze köcheln lassen, bis die Flüssigkeit verdampft ist ➟ Topf vom Herd nehmen und abkühlen lassen ➟ mit Vanilleessenz abschmecken.

☺ Backofen auf 170 bis 180°C vorheizen.

☺ Teig gut verkneten und zu kleinen Kugeln formen ➟ Zeigefinger in die Teigkugel drücken und dabei drehen mit Kokosnussfüllung füllen, Kugelöffnung zurollen und auf ein

Backblech legen ➟ alle anderen Teigkugeln auf die gleiche Art bearbeiten und füllen ➟ die fertiggefüllten Kokosnusskugeln in den vorgeheizten Backofen schieben und goldbraun backen.

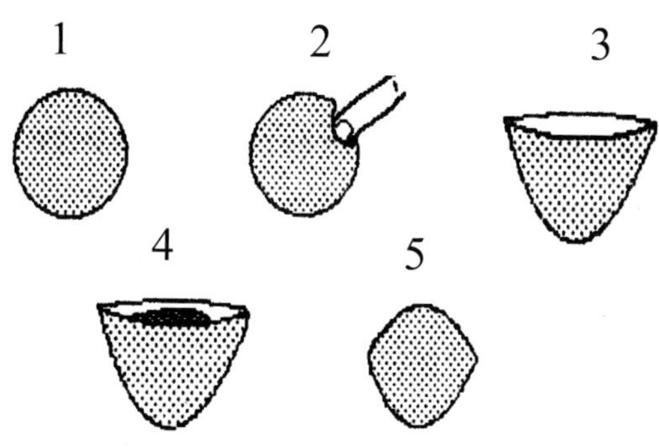

Abb. 1

☺ Etwas Zucker in wenig Wasser auflösen und damit die noch heißen Kokosnusskugeln bepinseln.

****

Süßkartoffelpudding

Zutaten:

500 g Süßkartoffeln, schälen, waschen und reiben
200 ml Kokosnussmilch (siehe Seite 11)
100 g geriebene Kokosnuss
100 bis 150 g brauner Zucker
1 kleine Dose Kondensmilch
25 g Ingwerwurzel, schälen und reiben
1 Teelöffel Zimt
1/2 Teelöffel Vanille
1/2 Teelöffel Muskatnusspulver

So wird es gemacht:

☺ Backofen auf 170 bis 180°C vorheizen.
☺ Alle Zutaten in eine Schale geben und gut vermengen ➟ in eine eingefettete Backform geben und im vorgeheizten Backofen backen, bis die Mischung braune Farbe annimmt und fest ist (wenn man mit dem Daumen drückt) ➟ aus dem Backofen nehmen und abkühlen lassen.

****

Gebackene Bananen

Zutaten:

3 bis 4 reife Bananen, schälen und der Länge nach halbieren
150 ml Orangensaft
2 cm Ingwerwurzel, schälen und fein hacken oder reiben
1/2 Teelöffel Zimt
ca. 1 Esslöffel geriebene Kokosnuss
Honig, zum Abschmecken

So wird es gemacht:

☺ Bananen in eine Pfanne geben ➠ Orangensaft, Honig und Ingwerwurzel miteinander vermengen und über sie Bananen geben, dann bei schwacher Hitze köcheln lassen, bis die Soße dicker geworden und ein Teil der Flüssigkeit verdampft ist ➠ Ingwerwurzel entfernen ➠ Pfanneninhalt in Servierschalen geben, mit Zimt und Kokosnussraspeln garnieren und warm mit Schlagsahne servieren.

****

Frittierte Bananen

Zutaten:

5 bis 6 Bananen, schälen und in kleine Stücke schneiden
100 g Mehl
2 Esslöffel Zucker
1 Eiweiß
eine Prise Salz
Öl, zum Braten

So wird es gemacht:

☺ Mehl, eine Prise Salz, Eiweiß und 1 Esslöffel Öl in eine Schale geben und gut vermengen ➠ Wasser nach und nach dazugeben und zu einem dickflüssigen Teig verarbeiten ➠ Bananenstücke mit Hilfe einer Gabel in den Teig tauchen ➠

Öl in einer Pfanne erhitzen ➡ Bananenteig löffelweise in das heiße Öl geben und goldbraun braten ➡ aus dem Öl nehmen und abtropfen lassen, dann auf einen Teller schichten, mit Zimt bestreuen und warm servieren.

****

Variante 2

Zutaten:

225 bis 250 g Maismehl
5 bis 6 reife Bananen, schälen und pürieren
1 Teelöffel Ingwerpulver
Öl, zum Braten

So wird es gemacht:

☺ Mehl und Bananenpüree in eine Schale geben und gut verkneten ➡ etwas warmes Wasser und Ingwerpulver dazugeben und verkneten, damit ein weicher Teig entsteht ➡ einige Minuten stehen lassen.

☺ Öl in einer Pfanne erhitzen ➡ Bananenteig löffelweise dazugeben und goldbraun braten ➡ aus dem Öl nehmen, abtropfen lassen und heiß oder kalt servieren.

****

Variante 3

Zutaten:

2 bis 3 halbreife Bananen, schälen und der Länge nach halbieren
Salz
Öl, zum Braten

So wird es gemacht:

☺ Bananen auf einen Teller legen und von einer Seite mit Salz bestreuen ➡ einige Minuten stehen lassen.

☺ Öl in einer Pfanne erhitzen ➡ Bananen dazugeben und knusprig braten ➡ heiß oder kalt servieren.

****

Süße Mehlkreise

Zutaten:

250 g Maismehl
2 Esslöffel Zucker
Öl, zum Braten

So wird es gemacht:

☺ Mehl und Zucker in eine Schüssel geben und gut vermischen ➟ heißes Wasser nach und nach dazugeben und zu einem festen Teig verkneten ➟ Teig zudecken und ca. 30 Minuten ruhen lassen, dann noch mal kneten und in kleine Stücke teilen ➟ Teigstücke mit der Hand zu langen Stangen rollen, dann die Enden zusammendrücken, damit Kreise entstehen ➟ Öl in einer Pfanne erhitzen ➟ Teigkreise hineingeben und goldbraun braten.

✻✻✻✻✻✻✻✻✻✻

Kekse

Zutaten:

450 bis 500 g Mehl mit 4 Teelöffel Backpulver mischen
100 g Zucker
3 Eier, aufschlagen, in eine große Schale geben und verrühren
1/2 Teelöffel geriebener Muskat
1 Esslöffel Butter oder Margarine
Öl, zum Braten

So wird es gemacht:

☺ Mehl und Butter in eine Schale geben und gut vermengen.

☺ Zucker zu den Eiern geben und mit einem Schneebesen gut verrühren.

☺ Eimischung zum Mehl geben und zu einem weichen, aber festen Teig verkneten ➟ Arbeitsplatte mit Mehl bestreuen ➟ Teig in 3 bis 4 Stücke teilen und dünn ausrollen, dann in Stücke schneiden (Form nach Belieben) ➟ Öl in einer Pfanne erhitzen und bei schwacher Hitze goldbraun braten ➟ aus dem Öl nehmen und abkühlen lassen.

****

Kokosnussbonbons

Zutaten:

1 Kokosnuss, harte Schale entfernen, in sehr dünne Streifen schneiden und fein zerkleinern
175 ml Wasser
100 g Zucker
2 Teelöffel Limetten- oder Zitronensaft

So wird es gemacht:

☺ Wasser in einen Topf geben ➟ Zucker dazugeben, auflösen und zum Kochen bringen ➟ Limetten- oder Zitronensaft dazugeben und umrühren ➟ wenn der Inhalt des Topfes dickflüssig wird (sirupartig), Kokosnuss dazugeben und bei schwacher Hitze köcheln lassen, bis der Sirup dickflüssig wird ➟ Topf vom Herd nehmen und deren Inhalt auf ein gefettetes Blech gießen ➟ abkühlen lassen, dann in Stücke schneiden oder brechen.

****

Kokosnussdrops

Zutaten:

1 Kokosnuss, nur das weiße Fruchtfleisch reiben
200 g Zucker
Vanilleessenz
Mehl, zum Binden

So wird es gemacht:

☺ Kokosnuss, Zucker und Vanilleessenz (Menge nach Geschmack) miteinander vermengen ➟ etwas Mehl dazugeben und zu einer festen Mischung binden ➟ Mischung in kleine Stücke schneiden, auf ein Backblech legen und im Backofen backen, bis die Stücke braune Farbe annehmen ➟ abkühlen lassen.

****

Mango mit Vanillesoße

Zutaten:

1 Mango, schälen, Kern entfernen und zerkleinern
Packung Vanillesoße
Zucker, zum Abschmecken

So wird es gemacht:

☺ Mangostücke mit etwas Wasser in einen Topf geben und gar kochen ➟ durch ein feines Sieb geben, durchpressen und in einer Schale auffangen ➟ Mangomasse abkühlen lassen und die gleiche Menge Vanillesoße dazugeben und gut vermengen, mit Zucker abschmecken und kalt servieren.

****

Kreolische Ananas

Zutaten:

1 Ananas, schälen und in kleine Stücke schneiden
1 Tasse Ananassaft
2 Teelöffel Gelatine
1 große Dose Kondensmilch

So wird es gemacht:

☺ Etwas Wasser in einem Topf zum Kochen bringen ➟ Topf vom Herd nehmen ➟ Gelatine dazugeben und auflösen, dann den Ananassaft und die Milch untermengen und abkühlen lassen ➟ Ananasstücke dazugeben und gut vermengen ➟ in Schalen geben und mindestens 1 Stunde stehen lassen, bis die Masse fest wird.

****

Kreolische Orangen

Zutaten:

8 bis 9 Orangen, schälen, Haut und Kerne entfernen und in feine Streifen schneiden
ca. 1 Liter Orangensaft
2 Esslöffel Zucker
2 Esslöffel Honig
2 Nelken
1 Stück Zimtstange
3 dünne Streifen Ingwerwurzel

So wird es gemacht:

☺ Alle Zutaten in einen Topf geben und gut vermengen, bis sich der Zucker aufgelöst hat ➟ zum Kochen bringen, dann bei schwacher Hitze über 1 Stunde köcheln lassen, bis der Inhalt dickflüssig ist (Sirup) ➟ Topfinhalt in eine Schale geben und abkühlen lassen, dann einige Stunden in den Kühlschrank stellen ➟ Schlagsahne darüber geben und servieren.

****

Eiscreme

Bananeneiscreme

Zutaten:

4 Bananen, schälen und pürieren
1 Banane, zum Garnieren
250 g Vanillesoße
225 g Zucker
250 g geschlagene Sahne

So wird es gemacht:

☺ Bananen mit Zucker und Vanillesoße gut vermengen ➟ Sahne untermengen ➟ in eine Gefrierdose geben und in das Gefrierfach legen ➟ vor dem Gebrauch 1 Banane in Scheiben schneiden und über die Eiscreme legen.

****

Mangoeiscreme

Zutaten:

1 Mango (ca. 250 g), schälen, Kern entfernen und Mangofruchtfleisch pürieren
4 Eier, Eigelb und Eiweiß trennen
100 g Zucker
1/2 Teelöffel Zitronensaft
250 g Schlagsahne, steif schlagen

So wird es gemacht:

☺ Eiweiß und Zucker in eine Schale geben und steif schlagen ➟ Eigelb unterrühren ➟ Sahne und Mangopüree dazugeben und gut vermengen ➟ mit Zitronensaft abschmecken ➟ in eine Gefrierdose geben und ca. 2 Stunden im Gefrierfach stehen lassen ➟ aus dem Gefrierfach nehmen und mit einem Mixer schlagen, danach einfrieren.

Kokosnusseiscreme

Zutaten:

1 Kokosnuss, nur das weiße Fruchtfleisch reiben
500 g Zucker
125 ml Wasser
1 bis 2 Esslöffel Kakaopulver

So wird es gemacht:

☺ Zucker in Wasser auflösen und ca. 10 Minuten kochen lassen ➡ Kokosnuss dazugeben und kochen lassen, bis die Flüssigkeit am Löffel kleben bleibt ➡ von der Herdplatte nehmen ➡ Topfinhalt in 2 Schalen geben, die eine Hälfte mit Kakaopulver vermengen und die andere Hälfte weiß lassen ➡ die beiden Hälften in eine Gefrierdose schichten und mit einem Löffel pressen, dann einfrieren ➡ vor dem Servieren in Stücke schneiden.

****

Ananaseiscreme

Zutaten:

200 g zerkleinerte Ananas
1 Ei, aufschlagen, in eine Schale geben und verrühren
ca. 90 g Zucker
5 bis 6 Esslöffel Ananassaft
250 ml Sahne, steif schlagen

So wird es gemacht:

☺ Ananassaft, Ei und Zucker in eine Schale geben und mit einem Schaumlöffel schaumig schlagen ➡ Ananasstücke und Sahne untermengen, dann einfrieren.

****

Getränke

Ananasgetränk

Zutaten:

1 Ananas, schälen und in kleine Würfel schneiden
5 Tassen Wasser, kochen lassen und vom Herd nehmen
25 g Zucker
1 Teelöffel Ingwerpulver
1 Teelöffel Nelkenpulver

So wird es gemacht:

☺ Alle Zutaten in das noch sehr heiße Wasser geben ➟ umrühren ➟ Topf zudecken und über Nacht stehen lassen ➟ Eiswürfel in Gläser geben, Ananassaft darüber geben und servieren.

****

Ingwerpier

Zutaten:

500 g Ingwerwurzel, schälen, in einen Mörser geben und zerdrücken
Zucker, zum Abschmecken

So wird es gemacht:

☺ Ingwerwurzel in einen Topf geben und mit Wasser bedecken ➟ Zucker nach und nach darüber streuen und umrühren ➟ zum Kochen bringen, dann bei schwacher Hitze ca. 3 Stunden köcheln lassen, bis viel Flüssigkeit verdampft ist ➟ abkühlen lassen ➟ in einen Krug geben und kalt stellen.

****

Variante 2

Zutaten:

500 g Ingwerwurzel, schälen und reiben
2 Liter Wasser
Saft einer halben Zitrone
Brauner Zucker
3 bis 4 Nelken

So wird es gemacht:

☺ Wasser in einem Topf zum Kochen bringen ➟ Ingwerwurzel und Nelken dazugeben ➟ vom Herd nehmen und über Nacht stehen lassen.
☺ Ingwersaft durch ein feines Sieb geben und Saft auffangen ➟ die im Sieb befindlichen Reste durchpressen und mit dem Ingwersaft verrühren ➟ Zitronensaft dazugeben ➟ mit Zucker abschmecken und kalt servieren.

****

Variante 3

Zutaten:

250 g Ingwerwurzel, schälen und hacken
250 g Zucker
2 Liter Wasser
1/2 Teelöffel Zimtstange
3 bis 4 Nelken

So wird es gemacht:

☺ Wasser und Ingwer in einen Topf geben und ca. 30 Minuten kochen lassen ➟ Zucker dazugeben und auflösen ➟ von der Herdplatte nehmen und abkühlen lassen ➟ Zimt und Nelken dazugeben ➟ Topf zudecken und 1 bis 2 Tage stehen lassen ➟ Ingwersaft sieben und im Kühlschrank aufbewahren.

****

Fruchtbowle

Zutaten:

1/2 Ananas, schälen und in kleine Würfel schneiden
2 Guaven, schälen und zerkleinern
2 Kiwis, schälen und zerkleinern
4 bis 5 Orangen, auspressen
500 ml Ananassaft und Limonade

So wird es gemacht:

☺ Alle Zutaten miteinander vermengen ➟ in den Kühlschrank stellen.

****

Ananasbowle

Zutaten:

500 ml Ananassaft
150 ml Kondensmilch
Geriebene Muskatnuss

So wird es gemacht:

☺ Ananassaft in eine Schale geben ➟ Kondensmilch dazugeben und mit einem Schneebesen oder Elektromixer kurz verrühren ➟ mit Muskat bestreuen und kalt servieren.

****

Karottensaft

Zutaten:

1 kg Karotten, waschen
1 Liter Ananassaft
1 große Dose Kondensmilch
Vanilleessenz
1/2 Teelöffel geriebener Muskat
Zucker
Wasser

So wird es gemacht:

☺ Karotten in einen Entsafter geben und auspressen oder die Karotten reiben und mit einer halben Tasse Wasser vermengen ➟ 1 Stunde stehen lassen, dann in ein wasserdurchlässiges Tuch geben und wringen, damit der Saft austropfen kann (Saft auffangen).

☺ Muskat und einige Tropfen Vanilleessenz zum Karottensaft geben und gut vermengen ➟ Ananassaft dazugeben und verrühren, dabei wird der Saft dicker, deshalb mit etwas Wasser verdünnen ➟ mit Zucker abschmecken und kalt stellen.

****

Plantainwein

Zutaten:

4 reife Kochbananen (Plantain), schälen und zerkleinern
1/2 Esslöffel frische Hefe
2,2 Liter Wasser
900 g Zucker
1 Toastscheibe, toasten

So wird es gemacht:

☺ Plantainstücke und Wasser in einen Topf geben und zum Kochen bringen, dann bei schwacher Hitze ca. 10 Minuten köcheln lassen ➟ Topfinhalt durch ein Sieb geben und die Flüssigkeit auffangen ➟ Zucker im gesiebten Saft auflösen und abkühlen lassen, dann in einen Krug mit Korkenverschluss gießen ➟ mit Hefe und Toastscheibe bedecken ➟ Krug mit einem Tuch aus Baumwolle (Musselin) bedecken und 5 Tage stehen lassen ➟ Krug mit dem Korken gut verschließen und ca. 20 Tage stehen lassen ➟ Wein nochmals durchsieben, Krug gut verschließen und einen Monat stehen lassen, danach in Flaschen füllen.

****

Soßen

Tamarindesoße

Zutaten:

200 g Tamarinde
1 Liter Wasser
200 g Zucker

So wird es gemacht:

☺ Tamarinde zerkleinern und in einen Topf geben ➡ Wasser und Zucker dazugeben und verrühren ➡ zum Kochen bringen, dann bei schwacher Hitze ca. 1 Stunde köcheln lassen, bis eine sehr dicke Soße entstanden ist ➡ in ein Glas geben und verschließen ➡ abkühlen lassen und im Kühlschrank aufbewahren.

❍ Tamarindesoße serviert man zu Fleischgerichten.

****

Variante 2

Zutaten:

1 Tasse Tamarinde
2½ Tassen Wasser
1/2 Tasse Zucker
1 kleine Zwiebel, schälen und hacken
1 kleine Knoblauchzehe, schälen und mit etwas Salz zerdrücken
2 Kardamomkapseln, anritzen
1/4 Teelöffel Zitronensaft
1 Esslöffel Butter oder Öl

So wird es gemacht:

☺ Tamarinde in einen Topf geben und ca. 30 Minuten in Wasser einweichen, dann mit der Hand zerreiben ➞ Topfinhalt einige Minuten kochen lassen. Während des Kochens ununterbrochen umrühren ➞ Tamarindesaft durch ein Sieb geben und Saft auffangen.

☺ Öl oder Butter in einem Topf erhitzen ➞ Zwiebeln und Knoblauch dazugeben und weich dünsten ➞ Tamarindesaft dazugeben und bei schwacher Hitze köcheln lassen ➞ Zucker, Kardamom und Zitronensaft dazugeben und gut vermengen, köcheln lassen, bis die Soße dick wird ➞ abschmecken und vom Herd nehmen ➞ zu Fleischgerichten servieren.

****

Kreolische Soße

Zutaten:

500 g reife Tomaten, Haut anritzen, mit kochendem Wasser überbrühen, Haut abziehen und fein hacken
1/3 Tasse Weinessig
3 Chilischoten, Stielansätze abschneiden, der Länge nach halbieren, Samen entfernen und fein hacken
2 große Zwiebeln, schälen und fein hacken
1/2 Teelöffel scharfe Chilisoße
eine Prise Zucker
Salz

So wird es gemacht:

☺ Alle Zutaten in einen Topf geben und zum Kochen bringen, dann bei schwacher Hitze ca. 30 Minuten köcheln lassen. Öfter umrühren ➞ Soße abkühlen lassen und im Kühlschrank aufbewahren ➞ zu Gemüse oder Würstchen servieren.

****

Grüne Soße

Zutaten:

1 Bund Koriander, Blätter waschen und fein hacken
1 Esslöffel fein gehackte Petersilie
2 bis 3 Knoblauchzehen, schälen und mit etwas Salz zerdrücken
Zitronensaft
1/2 Tasse Olivenöl
Salz
Pfeffer

So wird es gemacht:

☺ Alle Zutaten in eine Schale geben und gut verrühren ➟ mit Zitronensaft und Salz abschmecken und servieren.

****

Knoblauchsoße

Zutaten:

4 bis 5 Knoblauchzehen, schälen und mit etwas Salz zerdrücken
1/2 Tasse Olivenöl
Salz und Pfeffer

So wird es gemacht:

☺ Knoblauchpaste und Öl in eine Schale geben und gut verrühren ➟ mit Salz und Pfeffer abschmecken ➟ zu Fleischgerichten servieren.

****

Einlegen in Essig

Eingelegte Pfefferschoten

Zutaten:

125 g Pfefferschoten, Stielansätze entfernen, der Länge nach halbieren, entkernen und in Scheiben oder Streifen schneiden
125 g kleine Tomaten, in Scheiben schneiden
2 bis 3 Zwiebeln, schälen und in Scheiben schneiden
150 g brauner Zucker
200 ml Essig
je 1 Teelöffel Nelkenpulver und Zimt
30 g Salz

So wird es gemacht:

☺ Pfefferschoten und Tomatenscheiben waschen und abtropfen lassen.
☺ Zwiebeln, Pfefferschoten und Tomaten in eine Schale geben und mit Salz bestreuen ➟ einen Teller oder eine Schale mit Wasser darauf stellen und das Ganze über Nacht stehen lassen ➟ in ein Sieb geben und abtropfen lassen.
☺ In einen Topf geben und mit Zucker, Nelkenpulver und Zimt bestreuen ➟ Essig darüber gießen und umrühren ➟ auf kleiner Flamme ca. 1½ bis 2 Stunden köcheln lassen ➟ in Gläser füllen und 1 Woche stehen lassen.

****

Eingelegte Auberginen

Zutaten:

500 g kleine Auberginen
ca. 2 cm Ingwerwurzel, schälen und hacken
25 g Chilischoten
2 Knoblauchzehen, schälen, mit Salz und etwas Essig zerdrücken
150 ml Essig
75 g Nussöl oder eine andere Ölsorte
50 g Zucker
je 1/2 Esslöffel Salz und Kümmelsamen
je 1/2 Teelöffel Chilipulver, Currypulver, Kurkuma, Garam Masala (Gewürz) und Ingwerpulver

So wird es gemacht:

☺ Von den Auberginen Stielansätze abschneiden, waschen und in Scheiben schneiden (ca. 3 cm dick).
☺ Zerdrückte Knoblauchzehen, Chilipulver, Currypulver, Kurkuma, Garam Masala und Ingwerpulver in einen Mörser geben und zu einer Paste zerdrücken.
☺ Öl erhitzen ➟ Kümmelsamen dazugeben und 1 Minute lang rösten ➟ Gewürzpaste dazugeben und auf kleiner Flamme 1 bis 2 Minuten braten ➟ Essig, Zucker und Salz dazugeben und umrühren ➟ Auberginenscheiben, Chilischoten und Ingwerwurzel dazugeben und köcheln lassen, bis das Gemüse gar ist ➟ kalt stellen ➟ vor dem Servieren einen Tag stehen lassen.

****

Eingelegte Mangos

Zutaten:

4 Mangos (ca. 500 g), entkernt, geschält und gehackt
125 ml Essig
1 Tasse Zucker
1 Esslöffel gehackte Ingwerwurzel

1 bis 2 Teelöffel Chilipulver
Salz

So wird es gemacht:

☺ Alle Zutaten in einen Topf geben ➟ umrühren ➟ kurz zum Kochen bringen, auf kleiner Flamme köcheln lassen, bis die Mangos saftig sind und die Soße dick ist ➟ vom Herd nehmen ➟ in eine Schale geben und beiseite stellen ➟ ein Glas vorwärmen ➟ Mangos in das Glas füllen und verschließen.

****

Eingelegte Rüben

Zutaten:

500 g weiße Rüben
Sellerielauch
2 Knoblauchzehen, schälen und hacken
1 rohe rote Rübe (Rote Bete), schälen und in Scheiben schneiden
2 Esslöffel Salz
150 ml Essig
400 ml Wasser
1 Teelöffel Chilipulver

So wird es gemacht:

☺ Weiße Rüben waschen, schälen und vierteln ➟ in einen Steintopf oder ein Glas schichten, dazwischen Sellerielauch, Knoblauch und Rote Bete legen.

☺ Essig, Chilipulver, Wasser und Salz verrühren und über die geschichteten Rüben gießen ➟ Topf zudecken und an einen warmen Platz stellen ➟ 10 Tage stehen lassen, danach zum Essen servieren und innerhalb von 35 Tagen verbrauchen.

****

Eingelegte rote Rüben

Zutaten:

1 kg rote Rüben (Rote Bete)
1/2 Liter Weinessig
1/2 Liter Wasser
Salz, Kümmel, Lorbeerblätter, Pfefferkörner und Nelken

So wird es gemacht:

☺ Rüben gründlich waschen ➟ 2 bis 3 Stunden mit leicht gesalzenem Wasser bedecken und kochen ➟ Rüben pellen und Stielansätze abschneiden ➟ in Scheiben schneiden und würzen ➟ in einen Steintopf oder ein Glas schichten ➟ Weinessig, Wasser und Salz verrühren und in einem Topf aufkochen ➟ kaltstellen ➟ über die Rüben gießen und den Steintopf oder das Glas zudecken ➟ 10 bis 11 Tage stehen lassen, danach zum Essen verwenden und innerhalb von 30 Tagen verbrauchen.

****

Eingelegter Blumenkohl und Rotkohl

Zutaten:

1 Blumenkohl
1/2 Rotkohl
5 Esslöffel Salz
850 ml Wasser
300 ml Weinessig
1 bis 2 trockene Peperoni

So wird es gemacht:

☺ Blumenkohl auseinander nehmen, Rotkohl zerkleinern,

waschen und 1 Stunde in Salzwasser legen ➡ Gemüse mit klarem Wasser waschen und abtropfen lassen ➡ in einen Steintopf oder ein Glas schichten ➡ Essig, Wasser und Salz mischen und über das Gemüse geben ➡ 1 bis 2 trockene Peperoni dazugeben und Topf oder Glas zudecken ➡ 10 Tage an einen warmen Platz stellen. Danach kann man das eingelegte Gemüse servieren.

****

Eingelegte Tomaten

Zutaten:

500 g feste Tomaten, waschen und abtrocknen
6 bis 7 Knoblauchzehen
1 grüne Chilischote
je 1/2 Esslöffel Salz und Pfeffer
2 Tassen Essig
4 Esslöffel getrockneter Koriander
ca. 30 g Salz

So wird es gemacht:

☺ Tomatenstiele entfernen ➡ Ansätze mit einem scharfen Messer abschneiden (kegelförmig) ➡ kreuzweise tief einschneiden ➡ beiseite stellen.

☺ Essig in einen Topf geben ➡ 30 g Salz und Chilischote dazugeben ➡ umrühren und einige Minuten kochen, bis die Chilischote ihre Farbe ändert ➡ vom Herd nehmen und abkühlen lassen.

☺ 2 Esslöffel Koriander, 5 Knoblauchzehen, Pfeffer und 1/2 Esslöffel Salz in einem Mörser zu einer Paste verarbeiten ➡ Gewürzpaste in die Tomaten pressen ➡ Tomaten mit der Öffnung nach oben in ein Glas geben ➡ die restlichen Knoblauchzehen in Streifen schneiden und über die Tomaten geben ➡ 2 Esslöffel Koriander rösten und über die Tomaten verteilen ➡ Essiggemisch darüber gießen ➡ Glas gut verschließen und an einem warmen Platz für ca. 1 Woche stehen lassen.

****

Eingelegte Bananen

Zutaten:

1 kg grüne Bananen
1 Tasse Milch
1 Teelöffel Salz
1/4 Teelöffel schwarzer Pfeffer
1/2 Tasse Essig
1 Tasse Olivenöl
einige Oliven und Kapern

So wird es gemacht:

☺ Bananen in einen Topf geben ➟ mit Milch und Wasser bedecken und ca. 25 Minuten kochen lassen, dann schälen und in Scheiben schneiden.
☺ Essig, Öl, Oliven, Kapern, Salz und Pfeffer in eine Schale geben und gut verrühren ➟ Bananenscheiben dazugeben und gut vermengen ➟ über Nacht stehen lassen, dann servieren.

****

Mango in Essig

Zutaten:

2 reife Mangos, schälen, Kerne entfernen und Fruchtfleisch pürieren
3 bis 4 Esslöffel Essig
1/2 Tasse Öl
1 Teelöffel Salz
Pfeffer

So wird es gemacht:

☺ Alle Zutaten in eine Schale geben und gut vermengen ➟ abschmecken und servieren.

****